JN156091

死後のことについて
本当のことを知りたい

尾山令仁

羊群社

目次

一　「死」の呪縛からの解放……7
二　なぜ人は死ぬのか……18
三　死が意味するもの――呪い……28
(一)　霊的死……29
(二)　肉体の死……31
(三)　永遠の死……32
四　クリスチャンの死生観……38
五　死に対する備え……48
六　愛する者の死に際して……59
七　死ぬ時、一体何が起るのか……66
八　人は死んだらどうなるのか――不死……70

九　人は死んだらどうなるのか——中間状態……80
一〇　死の問題の解決……94
一一　死んだ人のための祈り……98
一二　煉獄……102
一三　福音を聞かずに死んだ人……110
一四　死後も救いの機会はあるのか……119
一五　死んだ人と交わることはできるのか……129
一六　天国と地獄……138
一七　死ぬ時……147
一八　死の問題についての真の解決……152
一九　遺言書—万一の時のために—……156
二〇　「シェオル」と「ハデス」……165
二一　身近な人の不幸に出会った時……174
（一）病気、事故、死亡など……174

（二）牧師先生が来られるまで……176
（三）キリスト教式の葬式……180
（四）牧師先生を迎えてから……182
（五）葬式を終えてから……185

一　「死」の呪縛からの解放

この世に生きている人は、だれでも皆死ななければなりません。これほど確かなものはないのに、その死について考えようとする人はほとんどおりません。むしろ死から逃げようとし、それをまともに考えようとしません。それは、死がこわいからなのです。

いくらこわいからと言っても、死を避けようとしても、遅かれ早かれ死は訪れて来ます。死が訪れて来た時だけは、だれも居留守を使うことはできません。死が恐ろしいのは、それが自分の死である時なのです。ほかの人の死について考えている時は、それほど深刻な問題でなかったとしても、自分の死ということになると、それは厳しい現実として迫って来ます。今まで、あの人も死んだ、この人も死んだというふうに他人事として考えていた死が、いよいよ自分のこととして考えないわけにはいかなくなった時、私たちはだれでも初めて、忘れてはならないことを忘れていたという嘆きを感じるようになるでしょう。しかも準備すべきであったのに、何の準備もなしにこの厳しい現実に、しかもただ一人で立ち向わなければならないことに、恐ろしいまでの孤独と絶望感を覚えることでしょう。それまでは、どんな人でも死ということについては、考える必要はないと思っています。けれども今や死に直面して、初めて自分の霊と相対し、また同時に神と対決せざるをえなくなるでしょう。

私は、もの心がついてから、死は本当に恐怖の対象でした。今、思い出してみても、格別にこれと言った出来事にぶつかったわけではありません。私が三、四歳のころ、祖父が死にましたが、今、思い返してみても、それが私の死への恐怖となったとは言えません。けれども、いつのころからか、私にとって人はどうして死ぬのかといった疑問を抱くようになっておりました。なぜ死ななければならないのかという疑問は、私の場合、死に対する恐怖に真直ぐにつながっていきました。死さえなければ、この世の中はどんなに楽しいものか分らないのにとも思いました。こうした死への恐怖は、おそらく私が生れながらに体が弱かったということにもよるのではないかと思います。すぐに風邪をひいたり、おなかをこわしたりして、寝込んでしまいましたし、そのほかの病気にもかかりました。そしていつしか、私はそう長くこの世に生きることができないのではないかと思い込むようになっていたのです。

死、この不気味なものに対する恐怖は、成長していくにつれて薄れて行くどころか、いつも私の心の片隅を占領しておりました。何をやっていても、いつもその最後が見えてしまうつまらなさを、よく味わいました。たとえば、お正月などでトランプや何かをしてみんなで遊ぼうということになっても、その終った後の空しいばかりの倦怠感を思うと、やる気が起らないのです。そして、そうしたすべてのものの上に、私は目ざとく死の影を見て取っておりました。死が大きくその影を投げ掛けているのに、どうして楽しんだりなどできるでしょうか。人生におけるこの不気味なものを解決しない限り、人生そのものを楽しむことはできませんでした。死によってすべてが終ってしまうと考えただけでも、すべては空しいもののように思われました。そして、私の小さな頭で到達できるところと言えば、せいぜいその辺りまでにしかすぎませんでした。

このように死を恐れた私でも、あの第二次世界大戦が激しさを加えて行き、みんなが戦争に加わらなければならなくなると、自分だけが安全地帯に立っていることは許されない気持になりました。そして私は、旧制の中学五年を終えると、陸軍経理学校へ行きました。そこは、現役の将校を養成する学校で、すぐ士官候補生として、ものすごい訓練を受けるようになります。そのハード・トレーニングの中でも、米軍の空襲は激しく続けられ、五百キロ爆弾が数発落されたり、速射砲の攻撃を受けたりして、文字通り死線を越えるようなこともありました。しかし終戦になり、こうした緊張から解かれると、またもや死への恐怖は起って来ました。四つの島（北海道、本州、四国、九州）に全日本人が住まなければならなくなり、外地からの引揚者が帰って来ると、何万人かの人々は食糧不足から餓死しなければならなくなるかもしれないということが新聞やラジオで報道されるようになりました。すると、私はその餓死するかもしれない何万人かの人々の中に自分が入るのかどうかということが、いつも頭にこびりついて、その恐怖から離れることができませんでした。

ですから、この死の呪縛から解放されれば、人は本当に自由になることができるわけです。それが本当にあるのでしょうか。私自身について言えば、長い間抱いていた死に対する恐怖から解放される日がやって来ました。それは、私が主イエス・キリストを信じた時です。不思議と、その日以来、私の心からは死に対する恐怖はなくなっておりました。そして少なくとも、死への恐怖が取り越し苦労という形で私に襲って来ることはなくなりました。死の問題が解決されると、人はどんなことでも積極的に出来るようになります。私がクリスチャンになってから変ったことの第一は、死の呪縛から解放されたことによって、積極的に神のため人のために働くことができるようになったことです。人はだれでも死の呪縛の下に生きています。死は不気味です。だれも経験していないからです。それを経験した人は、もう生きてはいません。経験していないからこそ、死んだらどうなるのか分りませんから不気味なのです。

この不気味な死は、一人で経験しなければなりません。たといだれかと一緒に死ぬようなことがあっても、死を経験するのは一人一人であって、集団ではありません。このような問題を実存的な問題と言い、人生における最大の問題は、実はこのような実存的な問題なのです。もっと具体的に言えば、苦しみの問題、エゴイズムの問題、そして死の問題です。これらの問題は、だれかほかの人によって代ってもらえない問題で、一人一人が自分の問題として受け止めなければならない問題であって、その時にこそ、その苦しみ、痛み、恐ろしさが身に滲みるものなのです。こうした問題を扱うものこそ宗教であって、損をしたとか得をしたなどということは、おおよそ宗教とは何の関係もない世俗の事柄にすぎません。

第二次世界大戦直後のこと、一冊の本がベストセラーになったことがありました。それは、尾崎秀実の「愛情は降る星のごとく」という本です。これは、元々著者が本にするために書いたものではなく、彼の死後、彼が家族や親戚や友人にあてて書いた手紙をまとめて一冊の本にしたものなのです。尾崎秀実という人は、国際スパイ事件として知られたゾルゲ事件に連座して捕らえられ、ついに死刑になった人です。この事件そのものについて、私は別に興味を持っているわけではありませんが、この本には、一人の人が死を前にして、どのような心境の変化をもたらしていったかということについて、よく分りますので、その観点からこの本を見て行きたいと思います。初期のころの手紙を見てみますと、彼は死についてこのように言っております。「人間ひとたび死なねばならぬものならば、私も従容（しょうよう）として死につきたい。」「従容として」という言葉は、今日余り使う人がいなくなりましたが、「落ち着きはらって」という意味です。これは、まだ死を人間一般のものと見ている時のことです。しかし、やがて検事が彼に死刑を求刑するようになりますと、彼の心境はまた違ってきます。「私は今まで死を他人事と考えてきた。しかし、死は私の死である時にのみ、その恐ろしさを感じてくる。」このように言っていた彼も、いよいよ死刑が確定し、死刑執行の日が近付いて来ると、彼はこのように言うようになるのです。「私は唯物論者として、宗教なるものを激しく否定して生きてきた。宗教なる言葉を口にすることさえ恥ずべきことと心得ていた。その自分が、今や死を前にして宗教なくして死にえないことを発見した。」彼は、自分の生涯をかけて、一つの思想に打ち込んできました。これこそ人類を本当に幸福にするものだと思い込んで、それまでの全生涯をそれにかけてきたのです。それでは、彼はどんな人間だったのでしょうか。彼は旧制の一高から東大を出た秀才でした。その秀才の全知能をかけて選び取った彼の人生コースも、いよいよ死を前にして、変更を余儀なくされてしまいました。彼がすべてを打ち込んだマルキシズムという思想は、死という最も厳しい現実の前に、音をたてて崩れ去ってしまったのです。

借りものの思想では、いざと言う時、役に立ちません。どんなにその思想に傾倒していたとしても、そのために自分の人生のすべてを打ち込んでなお悔いなしと思っていたとしても、死という最も平凡な（すべての人に臨むという意味で）事実の前に、また最も厳しい（借りものの思想では役に立たないという意味で）事実の前に、なおも厳然と立ちうるものでなければ、それは何の価値もありません。尾崎秀実は、最後には宗教的境地に至って死んで行きました。

ある人は言うかもしれません。「科学さえあれば、死などは恐ろしくない。」しかし、はたしてそうでしょうか。科学は死の恐れを解決してくれるでしょうか。科学というものは、事柄を観察し、分析し、説明はしてくれるかもしれませんが、意味づけを与えてはくれません。科学では、「死」を「生命活動の停止」と定義づけるでしょう。そして医者は、生命活動が停止したということを、三つの方法で確かめます。まず瞳孔が開いてしまっていることを懐中電灯で確かめ、次に脈がなくなってしまったことを確かめ、さらに鼻の下に手を当てて、呼気のないことを確かめます。こうしてから、「お気の毒様でした」と言って、臨終を告げるのです。

もしも科学者である医者が、自分の愛する者を失った時、彼が科学者として、「生命活動が停止したから死んだのだ」と言って、すべてを済ませてしまうことができるでしょうか。問題は、科学的な正確さというようなことではありません。愛する者との別れの苦しさ、悲しさをどうしたらよいのかという問題です。今までは呼べば応えてくれたその人が、もう今では呼んでも応えぬ人となってしまった時、その何とも言えない悲しみに、どのように対処したらよいのかという問題です。それは、科学の問題ではありません。そうした実存的な問題こそ、実は宗教の問題なのです。

　私は牧師として何度も立ち会ったあの火葬場の光景は、何度立ち会っても、他人事とは思えぬ厳しさを持っております。かまの扉の開かれている前で、火葬前式が行なわれ、それから最後の別れを惜しむかのように、棺の所にすり寄った遺族たちが、その死顔を見終ると、死顔の上の小さな木の扉が静かな音を立てて、閉じられます。そして、開かれたかまの中に入れられ、その大きな扉が閉じられた時、なんとも言えぬ突き放されたような気持に、遺族の人々の胸は締め付けられます。そして、やがて小一時間ほどして焼き上がったという知らせで、行ってみると、あの一八〇センチもあった人がこうも変るものかと思われるほどの僅かな骨だけになってしまっている姿に、何ともやりきれぬ気持に襲われるものです。骨壷の中に入れられた骨。しかも、自分もやがてはああなるのだという複雑な思いが、だれの頭をもかすめます。考えたくないことですが、やがて自分の身の上にも起る事実なのです。この事実の前に立たされる時、私たちはやがてわが身に起る出来事に対して、何の準備もしていないことの恐ろしさ、また愚かさを、つくづくと感じることでしょう。

死に臨む時こそ、人生における最後の孤独の瞬間です。ただ一人なんだということを、しみじみと経験させられるのに、人が死に臨む時ほど深刻な時はないでしょう。日ごろから父と呼び、母と呼び、あるいは夫、あるいは妻と呼んでいた人たちが、皆一様に少しも頼りにならない冷たい他者として、また訴えても求めても、力にも慰めにもならない者として、ただ空しく枕辺にその面をさらす他人と化してしまうのは、その人の死の床においてなのです。ただ一人、死の前に打ち捨てられた人は、はたしてだれに頼り、だれに訴え、だれにすがったらよいのでしょうか。頼るべきものは、ついにこの世にはおりません。神を否定し、信仰なしに生きて来た人も、ついに信仰なしには死ねないのだということを、死に臨んで初めて体験するのです。

それでは、どうして私たちは死をそんなに恐れるのでしょうか。死の肉体的苦痛を恐れるのでしょうか。そうではありません。今日、私たちは、いわゆる安楽死と呼ばれる方法を知っています。しかしそれにもかかわらず、死ぬことができません。それは、死そのものへの恐れと言うよりは、死後何かがあるのではないかということを薄々知っていて、それに対する恐れであると言うことができると思います。

確かにこの世は不公平です。悪いことをし、かなりあくどいことをしながらも、結構うまくやっている人、そして往生を遂げている人がおります。そしてもう一方では、正直に事をし、人々にあわれみの心を持っていながら、生涯、正当な報いを受けないでこの世の生を終えて行く人もおります。このような有様を見ると、だれでもこの世だけがすべてなのではなく、この世が終った後に、必ずこの世の総清算とも言うべき公平な裁きがあるはずだと思わざるを得ないでしょう。もしもそうしたことがないのなら、自分のために悪いことをし放題し、自分のために楽しい人生を送った方がはるかに利口でしょう。しかし、私たちにそれができないのは、この世の人生の後に、私たちの人生は必ず公平な総清算がなされるはずだという思いがあるからです。そしてそれは、どんな人でも生れながらに持っている考え（これを生得観念と呼びます）です。人が死を恐れるのは、それを予測しているからなのです。

確かに死は不気味です。死後の世界は、単に未知の世界であるというだけでなく、身に覚えのあるすべての人は、裁きの待っている死後の世界について、不気味でないわけがありません。神は、聖書の中で、はっきりと告げておられます。「人間は、だれでも一度は死に、死後裁きを受けなければならないことが決っている」（ヘブル九・二七）。

死や死後の世界のことについては、神からの啓示によらなければ、だれも分りません。神こそ人間の生も死もつかさどっておられる方だからです。それに、死人に口なしで、死んだ人に聞くわけにはいきません。私たちの知識のほとんどは、自分たちの経験に頼っておりますが、死と死後の世界のことだけは、人間の経験に頼るわけにはいきません。いきおいほかの道を求めなければなりません。そこで、最も確実な道としては、私たちの生も死も支配しておられる神からの啓示によることです。ですから、私たちは、死と死後の世界のことについては、この神からの啓示である聖書から学びたいと思います。

二　なぜ人は死ぬのか

死および死後の問題について書かれた日本語の書物は何冊かあります。クセジュ文庫の中にもグレゴワールの「死後の世界」という本がありますし、岩波新書の中にも渡辺照宏著「死後の世界」という本があります。このどちらも宗教学的アプローチを採っております。グレゴワールのものは、日本人が読んでいまいちという感がしないでもありません。それと比べて、渡辺照宏氏のものは日本人が書いたという点で、グレゴワールのものよりいくらか分りやすい本です。ところが、その取り上げ方は、「死後の世界は実在するかしないか、という問題を直接論ずるかわりに、死後の世界について人類はこれまでどう考え、どう信じてきたか、という問題をまず取り上げて」います（同書五ページ）。つまり、人類がこれまで考えてきたことの紹介なのです。それに続いて、「死という現象に対してどのような反応を示してきたかを考察」しています（同書六ページ）。これは、死者儀礼の中に現れた死に対する人類の反応の紹介だと言うことができます。その後で、「われわれの生活態度としてこの問題をどう考えたらよいかという点について著者の意見を述べて本書のむすびとしようと思う」と著者自身が語っておられるように（同書二〇ページ）、人類の死に対する今までの考え方、対し方を土台として、著者自身仏門に身を置いておられるところから、仏教的死観が強く現れているのが、この本の特徴であると言ってよいでしょう。

ところで、この本を見て、すぐ分ることは、古来人類が死後の世界について考えてきた考え方は、みんなてんでんばらばらであるということです。それもそのはず、だれ一人として死を経験した人はおりませんので、みんな死後の世界についての想像にすぎないのです。そういうものを知っても、それは自分の死の問題の解決には何の役にも立ちません。

そこで、私はこうしたアプローチとは全く違ったアプローチをしていこうと思っております。つまり人間の生死をつかさどっておられる神の目からこうした問題を見ていこうと思うのです。つまり神がどう見ておられるかということは、神の啓示の書である聖書に記されておりますので、終始聖書を土台として、死および死後のことを取り上げていこうと思っております。

どんなに多くの人の意見を知っても、それは所詮その人の意見であって、人それぞれに違っているのであれば、どれを頼りとしたらよいのか分らなくなってしまいます。そんな頼りのない人間の意見に耳を傾けるよりも、確かな神のご見解の方がどれほど頼りになるかということは、今さら言うまでもないことです。

そこで、なぜ人間は死ななければならないのかということを、聖書を土台として考えて行こうと思います。聖書によれば、人間が罪を持っているからであり、人間は罪を犯したがために、その刑罰として死ななければならなくなったのだと教えております。最初、人間が神によって創造された時、人間は死ぬべき者として造られたのではありません。もちろん、だからと言って、人間は永遠に生き続ける者であったと考えるのも正しくありません。分りやすく言えば、こういうことです。神が造られた被造物は、皆初めがあり終りがあります。そういう意味では、人間にも命の終りがありました。それを自然的死と呼んだらよいでしょう。人間が罪を犯したことによって、この自然的死に、刑罰の死と言う意味が加わりました。

ここで、もう少し説明しておかなければならないことがあります。神が最初、人間をお造りになった時、その人間（アダム）に完全な服従を要求し、完全な服従という試験台の上に立たせられました。そして、エデンの園の中央に、善悪を知る木を置き、その善悪を知る木からはその実を取って食べてはならないと命じられました。もしもその命令に従わない時には、その刑罰として「必ず死ぬ」（創世記二・一七）と言われました。このことから、罪を犯さなかったなら、人間は死ななかったはずだと結論を下す人たちがおります。人間は、罪に陥ってから死ぬようになったのか、それとも人間は生れながら死ぬ者であったのか、どちらなのでしょうか。確かに、人間は肉体を持っている限り、命の自然の終りがあるはずです。それなら、どうして聖書は、人間が罪を犯した時に死ななければならないと神が言っておられるというふうに記しているのでしょうか。

この点については、聖書が「命」とか「死」という言葉によって何を表そうとしているのかということを理解しなければなりません。その点については、後で取り上げることにします。しかし、ここで指摘されている疑問に答えておく必要から、一つのことだけは述べておこうと思います。「死」とは「神の呪い」を表しております。ですから、「それを取って食べると……必ず死ぬ」と神が言われたのは、この時から、人間の命の自然の終結に、罪の刑罰としての神の呪いが加わるのだという意味なのです。つまり、最初の人間が、故意に神の命令に背き、神への反逆者となった時、恐るべき刑罰が、彼と彼によって代表される全人類の上に下されるようになりました。ですから、聖書が「死」という言葉を使っている時には、いつも罪への刑罰としての神の呪いを表しているわけです。このような理由から、聖書における死を、単なる命の自然の終結と受け取ることは間違いです。と同時に、人間が最初に造られた時、命の終結もなかったと考えるのは行き過ぎです。この行き過ぎの議論は、動植物界には命の自然の終結はあっても、人間の世界にはなかったのだという奇妙な議論を展開することになってしまいます。

今述べてきたことからも分ることですが、死とは、単なる肉体の死滅というようなことなのではなく、罪の刑罰なのですから、それにまつわるあらゆる形での災厄をも含んでいます。地獄においての永遠の悲惨もそうですし、それだけでなく、現にこの世においても多くの災厄を受けるわけで、これはまた、永遠の悲惨の前兆でもあります。主イエス・キリストを信じない人たちは、どんな人でも、神や聖い事柄については考えてみようとしたがらず、むしろそれを避けようとするものですが、それこそ神の呪いの下に置かれている証拠で、「自分の持っている罪のために……道徳面で無力な死んだ存在」（エペソ二・一）と言われている通りです。これは、死んだ人間が、この世では音楽を聴くことができないように、神のすばらしい恵みを知ることができないために、かえって神や聖い事柄を避けようとするわけです。

先にも言ったように、最初の人間（アダム）が罪に陥った時、彼は全人類の代表として、また人類の連帯性ということから、その子孫として生れて来る人間は、特に罪を犯していない幼児をも含めて、すべて苦しみや死を経験しなければならなくなりました。それらのことは、罪が支払わなければならない報酬であり、罪に対する神の刑罰です。ですから、もしもこのように罪を積極的に犯していない幼児にも刑罰が下るということが、人類の連帯性、罪の連帯責任ということを除外視して考えられるとしたら、神は不公平なお方だということになってしまいます。苦しみや死という刑罰が幼児にも下るということは、彼らは特に罪を犯したわけではないのですから、彼らもアダムの罪を持っていることになるはずです。

このように、アダムにあって罪を犯した全人類は、やがて神が用意してくださるキリストの贖いの御業によって、それを信じる人が救われるようになります。アダムにあって全人類は一体であるという考え方に立って、私たち全人類は罪の刑罰としての死を経験しなければならないのだというのが、聖書の私たちに教えているところなのです。

聖書が教えているところによれば、死は確かに罪の刑罰です。罪を持っている人間は、その罪の刑罰として死ななければなりません。と同時に、この死にたくない死を人が迎えなければならない理由は、ほかにもあるのです。それを、これから考えて行くことにしましょう。

その一つは、死は確かに刑罰なのですが、また別の意味では、神の恵みでもあると言えないこともありません。もしも死がなければ、この世の堕落はどこまで落ちて行くか分りません。死は、この世の堕落の力が、この世を全く耐えられない状態にするのを防ぎます。悪が極限状態に達するなら、この世は生きて行くことのできない地上の地獄と化してしまうでしょう。しかし、死によって神はそれを防いでおられるのです。

私は、時々、科学ははたして人間を幸福にしたのかどうか考えてしまうことがあります。この話をすると、今述べたことと矛盾するように思われる方がおられるかもしれませんが、決して矛盾はしません。

確かに医学の発達進歩のおかげで、今まで治らなかった病気が、どんどん治るようになりました。これは本当に喜ぶべきことで、その点においては、医学の貢献ということを認めないわけにはいきません。ところが、こうしたことの反面、医学の進歩発展は、死の問題を解決したわけではなく、一時的に死を延期したにすぎないわけで、そこにかえって不幸とも呼ぶべき事態が発生しているのです。

先日も、ある老人が倒れて、病院にかつぎ込まれたのですが、今日の医学のおかげで、その老人はあらゆる手を尽くされて、約三か月間生き延びました。毎日、点滴が行なわれ、酸素テントの中に入れられはしたものの、回復の見込みは全然ないのです。そうかと言って、それをやめるわけにもいきません。多額のお金と、何人もの人々の寝ずの看病が続き、あげくの果は、その老人が亡くなるだけではすまず、看病疲れで何人かの人が倒れ、その中には亡くなる人まで現れる始末で、まことに厄介な問題が起って来たと言わざるをえませんでした。

人間の寿命は延び、八十歳、九十歳になって、耳も聞えず、人と話をすることもできず、食べては寝てばかりいる老人が、はたして本当に幸福なのかと考えてしまわざるをえません。罪と腐敗、老朽化の下にある人間には、死はむしろ恵みでさえもあるのです。罪が極限に達したり、廃人同様になるのを防ぐ手段が死であるとしたら、これもまた神の深い知恵の一つなのではないでしょうか。

また、私たち人間が死ななければならないのは、私たちの生も死もつかさどっておられるお方がおられるということを示しております。私たち人間は、決して全能ではありません。私たちは、自分の人生を左右することすら出来ない者たちにすぎません。

私たちは、だれ一人として、自分の意思でこの世に存在を始めた者はおりません。私たちは存在させられている者たちなのです。私たちがこの世に存在し始めたことを、「生れる」と言います。私たちは生れ自分で存在を始めたのでない証拠に、その言葉は受け身の形で表現されています。私たちは生れるのであって、私たちをこの世に生れさせてくださったお方がいるのです。それが神なのです。

また、私たちがこの世の生を終える時、自分の意思で終えることができるでしょうか。ある人たちは、自殺こそ自分の生を自分で断ち切る唯一の方法だと言います。ところで、私たちはそれが出来るでしょうか。たとえそれをする勇気があったところで、それが完全に出来るとは限りません。これだけの量を飲めば必ず死ぬと言われて、その通りにしたところ、すぐだれかに見つけられてしまったり、走って来る電車に飛び込んでも、気が付いた時は、病院の中で、両手両足は切断してしまっても生きていたという人を、私は知っています。川に飛び込んでも、ついに死なないで助けられる人もおります。人は自分で自分の生を終えられると思っているかもしれませんが、それは大きな錯覚です。私たちが死にたいほどの苦しみに遭っても、死ねないことがあります。自分が死んだ時、父や母がどんなに自分のことを悲しむかということを思ったり、後に残った子供のことを思うと、死ねないという思いが湧いてきます。そのように、私たちに死を思い留まらせるものがあるのです。それは、ただ肉親につながる哀惜の情だけなのではありません。私たちの生も死もつかさどっておられる神が、私たちに思い留まらせてくださるのです。

このように、人は簡単に死ねるものではありません。しかしまた逆に、死にたくないと思っても、神の定めておられる時が来たのに、「自分の寿命を少しでも延ばすことができますか」(マタイ六・二七)。私たちの生も死も支配しておられる神がおられるのだということを知らなければなりません。

死こそは、私たちの生も死も支配しておられる神が確かにおられるのだということを、厳然と示している事実なのです。あたかもこの世の中にいつまでも住み続けられるかのように思って、どっかと腰を据えて、自分の仕事と富の蓄積のために汲々となっている人は、私たちの生も死も支配しておられる神の御声に耳を傾けることが本当に必要ではないでしょうか。神は聖書を通して、次のように仰せになっておられます。「人間は、だれでも一度は死に、死後裁きを受けなければならないことが決っている」（ヘブル九・二七）。「あなたの神に会う備えをしなさい」（アモス四・一二）。「それで、わたしは……それぞれその人の生き方に従って裁くと、主である神は仰せられる。悔い改めて、あなたがたのすべての罪を捨てなさい。さもないと、罪があなたを滅ぼしてしまう」（エゼキエル一八・三〇）。

三　死が意味するもの――呪い

死は確かに不気味です。これは一体何なのでしょうか。これについてはっきり答えることのできる人は、聖書から教えられている人だけでしょう。これは、体験的に知ることはできないからです。生きている人は死んだことのない人で、死んだ人はもうこの世にはいないからです。死ねばこの世にいないということになると、死は消滅なのでしょうか。しかし、死が単に存在の消滅に過ぎないのだとしたら、どうして人は死を恐れるのでしょうか。死そのものと言うよりは、死後何かがあるのだという証拠を裏書するかのように、人は皆死を恐れます。それは、どんな人間でも皆生れながらに持っている考えです。こうしたことから、私たちは死後裁きがあるはずだということを学びました。しかし、それだけでは必ずしも十分であるとは言えません。ここではっきり言っておきたいことは、死とは呪いを表しているということです。

聖書が私たちに教えている死は、明らかに呪いです。神の呪いなのです。聖書は、命を神の祝福を表すものとして記し、死を記す時、それを神の呪いを表すものとして記しています。ですから、聖書は、命とか死を、ただ単に肉体についてのことだけとして記してはおりません。神の祝福とか呪いということが、肉体だけに留まっているということ自体がおかしなことだからです。神の祝福も呪いも、人間の肉体の面だけのことではなく、霊も肉体も含めた全人間に注がれるのです。

そういうわけで、聖書は、祝福についても呪いについても、三種類のものを記しております。祝福について言えば、霊的命、肉体の命、永遠の命であり、呪いについて言えば、これらの三つのものに対応するもので、霊的死、肉体の死、永遠の死です。以下、この三種類の死について見て行きたいと思います。

(一) 霊的死

この三種類の死の中で、この霊的死が最も分りにくいものだろうと思います。この霊的死というのは、霊が神から離れている状態です。救われる前のすべての人間はこの状態にあります。聖書が「あなたがたは、以前は、自分の持っている罪のために、神から離れ、道徳面で無力な死んだ存在であった」(エペソ二・一)と言っているのが、それです。主イエス・キリストを信じることによって、「霊が死んでいた状態から命が与えられ、生きた状態に入れられます」(ヨハネ五・

二四)。つまり、こうした霊的命が与えられる前の姿、それが霊的に死んでいる人の姿です。

霊的死について分りやすく説明すると、こういうことになります。川を考えてみてください。命のないものは皆流されて行ってしまいます。ところが、命のあるものは、魚でも何でも流れに逆らって、川上の方に泳いで行きます。霊的命のない人、つまり霊的に死んでいる人は、世の中の流れに流されて行ってしまいます。学校で、みんながカンニングをしていれば、自分だけそれに対してノーと言うことができず、自分も心ならずもみんなと同じことをする、その霊的無力さ、それは霊的に死んでいるからです。そういう人たちが世の中に出て、職場ぐるみで不正が行なわれている時、自分一人だけノーと言って、それにくみしないでいられない霊的無力さ、それは霊的に死んでいるからなのです。

このように説明すると、三種類の死の中で最も分りにくかった霊的死もよく分るのではないかと思います。霊的に死んでいるということは、自分では善をしたいという思いはあっても、いろいろなことを考え、それが出来なくなっている人のことであり、霊的無能力者、霊的破産者であると言ってもよいでしょう。ですから、どんなに善い行ないを沢山したとしても、その行ないが神に対する正しい動機から出ているわけではありませんから、その行ないによっては、決して救いを勝ち取ることができないのです。

（二）肉体の死

これは、だれもがよく知っているものです。普通、死と言えば、このことだと皆思っております。これは、生命活動の停止のことですが、もっと正確に言うと、霊が肉体から離れることなのです。

神から離れた人間に対して、神は呪いとしてまず霊的死を与えます。もしもその人が、そのまま悔い改めなければ、やがてその人には、呪いとして肉体の死が与えられます。そしてその人は、ただ永遠の死を待つばかりになります。

天使は肉体を持ってはおりませんが、人間は霊と体を持っており、この地上において、その体は肉体です。そのように神は人をお造りになりました。ですから、人間はいつでも感覚を通して知識を得ます。そして、その感覚というものは、肉体に関するものです。その肉体は、人間がほかの人間や周囲の世界と接触する器官なのです。ですから、人が死んでしまうと、ほかのものとの接触がなくなってしまいます。そして、死んだ人の霊は、生きている人とも、私たちの周囲の世界とも接触を持たなくなります。聖書は、死んだ人が生きている人と交わることができるとは、少しも教えておりません。霊媒などを私たちが受け入れない理由がここにあります。

人間は、肉体の死によって、霊と肉体が分離し、肉体は大地に帰って行きます。肉体の死が、人間の罪に対する刑罰としての神の呪いを表しているということになると、すでに罪が赦されているクリスチャンが、肉体の死を経験するのはどうしてなのかという疑問が起って来るかもしれません。このことは極めて重要ですから、また後で項を改めて述べることにしたいと思います。

(三) 永遠の死

永遠の死とは、永遠に存在を失ってしまうことではありません。祝福の源である神から永遠に切り離されてしまうことです。主イエス・キリストを信じる時、私たちは霊的死より霊的命へと移されるのですが、同時に永遠の命が与えられます。これは、死んでも命があるとか、いつまでも死なない命だというような理解では、必ずしも正しく説明されたことにはなりません。永遠の命とは、祝福の源である神と永遠に共にあり続けることであり、つまりは、永遠に神の祝福を受け続けることなのです。

このように、永遠の命は霊的命を永遠に続けることですが、永遠の死の場合も同じです。霊的死を永遠に続ける事にほかなりません。ですから、これはまた、霊的死の終局、および完成だと言うこともできます。私たちがこの世の生を送っている間、神は恵みによって、私たちが堕落しないように抑制していてくださいます。それは、私たちが悔い改めて神に立ち帰る可能性を与えられているこの世でのことであり、この世の生を終えると、神の忍耐はついに限界に達するのです。神は、私たち人間によってあなどられるようなお方ではありません。神は、私たち人間に限度を与えて、その限度内で悔い改めることを期待し、長く忍んでおられるのです。その限度とは、この地上での生です。それが終ると、もはや私たちは悔い改めるチャンスを失ってしまいます。この世においては、ノンクリスチャンでも、なお神の一般恩恵（クリスチャン、ノンクリスチャンを問わず、すべての人に与えられる神の恵み）の中にあって支えられています。しかし、この世の生を終えると、もはや堕落しないようにと抑制する神の恵みの働きはなくなり、罪の腐敗に対して抵抗するものは何もなくなってしまいます。ですから、神の呪いと怒りの圧力は、呪われた者の上に、もろに掛って来るわけです。神を神として認めず、神をあなどり続けて来た者は、命と喜びの源である神から完全に離されてしまいます。これこそ最も恐ろしい死でなくてなんでしょう。彼らは良心の呵責にさいなまれつつ、「彼らの苦しみは永遠に続く」のです（啓示一四・一一）。

人間は、死後も意識を持った存在であり続けます。死が存在の消滅にすぎないのだとしたら、死をそんなに恐れる必要がどこにあるでしょうか。死が恐ろしいのは、死が罪の刑罰であり、永遠の死を経験するということは、永遠に罪の罪責を負いつつ、良心の呵責に苦しみ続けることであるからです。ですから、罪責を持っている罪人にとっては、死は最も恐ろしいものであると言わなければなりません。考えてもごらんなさい。私たちが罪の呵責にさいなまれつつ生き続けなければならないということを。そして、もしも自殺のような手段によってそれから逃れる道でもあればまだしも、それからは絶対に逃げられないのです。肉体の命を持ってこの世に生きていた時なら、そうした苦しみの中から、人は自殺と言う逃れ道を選ぶか、さもなければ発狂してしまうかのどちらかに行くでしょう。しかし永遠の死とは、自殺もできなければ、発狂もできず、神の怒りの圧力を、もろに受け続けなければならないのです。

そのことを知って、「神が愛なら、そんなむごいことをされるはずがない」などと、自分勝手な理屈をつける人がおります。神は確かに愛なのです。ですから、今、救いの道を用意していてくださるのです。それなのに、その神の救いの道をいいかげんにあしらっておいて、なおも神の正義の要求を拒むというのでは筋が通らないではありませんか。このような論理は、神の愛も拒み、神の義も拒んで、自分勝手な理屈を並べているにしかすぎないのです。

私たちがどのように自分勝手な理屈を並べても、神には神の理屈があるのです。そして冷静に考えてみれば、神の理屈の方がはるかに筋が通っています。神は、初めから私たち人間を苦しめようなどとは考えておられません。神は私たち人間のために、ご自身が大きな犠牲を払って、救いを用意してくださいました。しかも、人間が罪に陥ったのは、神の側には少しも責任や落度などありません。人間の側の責任なのです。それなのに、神は私たちの救いを用意してくださったのです。私たち人間を救わなければならない責任も義務もない神は、むしろ私たち人間の罪の被害者であられました。加害者が被害者に謝罪し、その救済のために手を差し伸べるということなら話は分りますが、これはまさに逆なのです。被害者である神が加害者である人間を救うために、大きな犠牲を払って、手を差し伸べていてくださるのです。ですから、この神の救いこそ、神の恵み以外の何ものでもありません。その神の恵みの救いを拒んだ者が、自らの罪の責任を自ら負うという形で、最後の恐ろしい永遠の死を経験しなければならないとしても、それはむしろ当り前のことではないでしょうか。

死の恐れから逃れるための唯一の道は、罪の重荷から解放され、自由になることです。しかしながら、神は、私たちの罪をただ赦してしまうというわけにはいきませんし、また、それを大して重大でもないかのように見過ごしてしまうわけにもいきません。最初、神は罪の刑罰が死であるという律法を定められました。それは、単なるおどしではありませんでした。それは、神ご自身の本性に基づいた道徳的律法であったのです。神の律法の要求とは、神の聖く正しい本性の要求にほかなりません。それでは、どのようにしてその要求は満たされるのでしょうか。それが、先ほど述べた神の救いなのです。人間は、自分の救いを、難行苦行をしたり、善行を積んだり、修養をしたり、断食をしたりしても、そのことによって獲得することはできません。人間は、どんな人であっても、自分の罪の責任を自分で支払うことはできないのです。ところが、私たちが自分で出来なかったことを、神は私たちのためにしてくださったのです。

人となられた神キリストは、私たち人間が犯した罪を身代りに背負って、神の律法の前に、私たちに代って犯罪者となられ、十字架上でその罪の刑罰を受け、死なれたのです。私たちが受けなければならなかった罪の当然の刑罰を、キリストが身代りに負ってくださったのです。なぜ神がわざわざ人間の姿を取って、この世に来られ、私たちの罪の刑罰を受けてくださったのでしょうか。なぜ神がそれほどまでして、私たち人間を救おうとしておられるのでしょうか。それこそ神が私たち人間を本当に愛していてくださる何よりの証拠と言うことができるでしょう。

永遠の死、それは確かに恐ろしいものです。どんな人でも、これをまともに見ることはできません。ですから、多くの人は、これを見ようともしませんし、それがあることさえ、実のところ、よく分ってはいないのです。しかし、霊的死があり、肉体の死があるように、永遠の死はあるのです。神の恵みを少しも恵みとは思わず、神の忍耐を少しも感謝しないで、ただ自分勝手な生活をし続けた者は、ただいたずらに永遠の死を待っているしかありません。

しかし、その永遠の死から逃れる道を、神は用意してくださったのです。それを受け入れる人は、その神の恵みの救いにあずかることができます。キリストによって用意された救いを、自分のものとして受け入れた人は、霊的死の状態から、霊的命の状態に移されるだけでなく、肉体の死も全く違った意味を持つようになります。それは、天国への門口となるのです。肉体から出て、主の御前に移るのです。そして今や、死はそのとげを失い、「死は完全に敗北させられた」（コリント1．一五・五四）のです。

しかし、死から命に移ることのできる人は、すでに肉体の死を経験してしまった人ではなく、今、この世に生きている人だけなのです。私たちはよく死んだ人のことについて詮索し、その人のことについて心配しますが、最も重要なのは、今この世に生きている私たち自身のことなのです。神が定めておられる人生の限界内にいる人間だけが、この問題について真剣に考えなければなりません。肉体の死を経験してしまってからではもう遅いのです。その前に、私たちは自分の将来について、もっと真剣に、もっと責任ある行動を取らなければなりません。それは、他人事ではなく、自分のことだからです。

四　クリスチャンの死生観

クリスチャンも皆死にます。それでは、死に対してどういう態度を取ったらよいのでしょうか。前の所で、三種類の死がいずれも罪の刑罰としての意味を持っていることについて考えました。ところで、肉体の死だけは、すでに罪の赦しを経験しているクリスチャンもこれに会わなければなりません。すでに罪があがなわれているクリスチャンが、なぜ死ななければならないのかという問題が起って来るだろうと思います。どうしてエノクやエリヤが天に召された時のようなやり方で、地上から天へと移されないのでしょうか。特にある人々の疑問は、クリスチャンが死ぬ時に、罪を持ったままで死ぬ人が経験もしないほどの大きな苦しみをなめることがあるのは、どういうわけなのだろうということです。このことは、クリスチャンの死、およびそれに関する苦しみについての問題です。

確かに、この世においては、一方において、悪いことの限りを尽した人間が、結構苦しむことなしに死んで行くのに対し、他方において、それほど悪いことをしないで生きた人が、必ずしも良い報いを受けることもなく、死に際して苦しむことがあるという現実があります。多くの人は、この世における私たちの行為と死に際しての苦しみが、因果関係にあると信じ込んでいるようです。善いことをすれば、苦しまずに死ぬことができ、悪いことをすれば、苦しんで死ぬというわけです。このような因果応報思想は、悪いことをすれば必ずバチが当るという異教的なバチの思想にほかなりません。このバチの思想が、わが国では案外根強く、クリスチャンの中においてさえ、この理由のないバチの思想に毒されている人が少なからずおります。しかし、私たちは、このバチの思想を、全く根も葉もない異教的な考え方だということを、よく知っておくことが大切です。

ですから、クリスチャンでも、死ぬ時に苦しむことはありうるわけで、死ぬ時に苦しんだからと言って、生前何か悪いことをしたのだとは言えないということです。この両者の間には、何ら相関関係はありません。そればかりか、クリスチャンが苦しむという場合、それは罪の刑罰ではありません。確かに苦しみとか死というものは、元々罪に対する刑罰として人間に課せられたものでした（創世記三・一七―一九）。しかしそれは、個々の罪がその結果として個々の刑罰を生み出すというのではありません。そうした形での因果関係はありません。もちろん絶対にないというわけではなく、暴飲暴食をすればおなかをこわすという意味でのものはあります。ことに罪を犯したがために良心の呵責を覚えることはあるわけです。しかし、病気になるとか、けがをするとか、入試、入社、事業に失敗するとか失恋をするといったような表面に表れた結果が、いつもある特別な罪の結果なのだとは言えません。

このことが分れば、クリスチャンと言えどもなお罪の世の中にいるわけですし、救いはまだ未完成であるわけですから、苦しむことは当然だと言わなければなりません。確かに、クリスチャンの場合、苦しみというものは、罪に対する刑罰として与えられるのではありません。クリスチャンの罪に対する刑罰は、すべてキリストが身代りに背負ってくださっています。ですから、クリスチャンが受ける苦しみは、別の意味を持っています。それは、訓練のため、また懲らしめのためであって、これによってその人を霊的にも道徳的にも進歩させようというのです。またクリスチャンの死は、まだこの世にいるすべての人に対して、自分たちの死もまた近づきつつあるのだという警告の役割を果してもおります。ですから、クリスチャンの死とノンクリスチャンの死は、外面的には同じように見えても、神の立場から見れば、全く違っています。ノンクリスチャンの場合は、罪の刑罰ですが、クリスチャンの場合は、天国への入り口なのです。

聖書から教えられているクリスチャンにとっては、死は少しも恐ろしいものではありません。死は、この世と来るべき世との境界線で、主が来るべき御国に至る道を用意してくださったその門口だからです。クリスチャンは、自分が与えられた救いが確実なものであって、主が再び来られる時には、主が確かに自分を御国へ導いてくださることを知っていますから、すでに備えができておりますし、目を覚まし、落ち着いていることができます。クリスチャンは、この世においては、多くの苦しみを経験します。その中には、ノンクリスチャンと同じ苦しみもありますが、キリストに従って行く者としてこの世から受ける迫害という独特な苦しみもあります。死は、そのような苦しみから解放される日なのです。罪と患難に満ちた失望と悩みの世界から解放されて、祝福と栄光に輝いた自由と幸福の世界で、直接、神と交わることができるのです。現在私たちが生きている世界と比べるならば、はるかにすばらしい世界へ行けるわけです。ですから、クリスチャンにとっては、死は悲しみであるどころか、喜びでさえあるのです。

新約聖書は、この間の事情を、次のように描いております。

「私はまた、天からこう言っている声を聴いた。『書き記せ。「今から後、主を信じる者として死ぬ人は幸いである」』。御霊の神も仰せられる。『そうだ。その人々はこの世の労苦から解放されて、休むことができる。彼らの善い業は天国でも認められる。』」（啓示一四・一三）

「私たちが今持っているこの肉体が老化し、駄目になっても、神が下さる新しい体が天に用意されていることを、私たちは知っている。……しかし、私たちは、やがてこの肉体を離れ、主のみもとに行くことが確かであるので、心強く思っている。」（コリント2、五・一、八）

クリスチャンにとって、死ということがそんなに願わしいことであるなら、どうして死のうとしないのかという疑問が湧いてくることでしょう。その疑問に答えるのが、パウロの次の言葉です。

「しかし、この地上の生活をしていくことで、さらに有益な働きができるとしたら、私はどちらを選んだらよいか分らなくなってしまう。私はこの二つのもの(生と死)の間に板挟みになっている。私の願いを言わせてもらえば、苦しいこの世を去って、一時も早くキリストのもとへ行くことであり、その方がはるかに良い。しかし、この地上に生活をしていることが、あなたがたの信仰のためには必要だと思う」(ピリピ一・二二―二四)。

この世において使命が与えられているからこそ、この世に生きているわけです。これは、使徒パウロだけのことではありません。すべてのクリスチャンたちにとっても同じです。しかし、ここでパウロが言っているように、「苦しいこの世を去って、一時も早くキリストのもとへ行くこと」の方がよいということは確かです。それほど天国はすばらしい所なのです。そこが美しく輝いた所だからなのではなく、私のために身代りに死んで、私を罪のなわめから解放してくださった愛する主イエス・キリストがおられるからです。それを思えば、クリスチャンならだれだって、一時も早くキリストのみもとに行くことを願うはずです。ここで、パウロが言っていることは、あたかも死が、私たちの肉体という地上の住いから離れて、天の住いへと移ることを意味しているかのようです。主イエスにとっても、それは同じでした。死は、父である神のみもとに帰ることだったのです。主はこう言っておられます。「わたしは、今わたしをこの世にお遣わしになった天のお父様のみもとへ行こうとしています」(ヨハネ一六・五)。ですから、死は命の終りなのではなく、この世におけるよりもはるかにすばらしく栄光に輝いた生活の始まりなのです。

クリスチャンにとっては、死には二つの面があります。そしてその二つの面は、いつも均衡が取れている必要があります。その一つの面について少し説明することにします。確かにクリスチャンにとって、死は、キリストの成してくださったあがないの御業によって、すでに変えられていますから、死の原因である罪はもう除かれています。それで、死は、私たちクリスチャンの行く手にある永遠のすばらしい生活のために準備をさせる地上最後の訓練としてやって来るのです。またクリスチャンは、死によって救いの完成へと至る道へ行くわけですが、それは堕落する前のアダムよりもはるかにすばらしいものです。神の御子イエス・キリストが受肉して人間になられたということは、神と人間との間は、神と天使との間よりもさらに密接な関係にあることを示しております。また、十字架上で死んで後、三日目に復活された主は、神であり同時に人間であるお方として復活されました。しかも主の復活は、私たちも復活するということを保証するものでした（コリント1、一五・二〇）。ですから、主が復活されたということは、主を信じる者たちも、同様に、最後の日に、主の栄光に輝いた体と同じ体に変えられることを示しております。そのことについて、聖書は次のように教えております。「愛する皆さん。私たちはすでに神の子供である。これからどうなるのか、まだよく分らないが、キリストが再び来られる時、私たちはキリストのようになることを知っている。その時、キリストの本当の姿を見ることができる」（ヨハネ1、三・二）。

それでは次に、もう一つの面について考えてみましょう。確かに死は、それ自体では決して祝福と考えられるようなものではありません。キリストによって永遠に支配されていなければ、死は敵であり、それは本当に残酷なものであって、人間の心に悲しみと惨めさを与えるものです。死は全く不自然に霊と体を引き離します。普通の状態であったならば、それは決してこの世に入っては来なかったでしょうし、罪に対する刑罰として必要でなかったなら、許されもしなかったものなのです。霊が体から引き裂かれ、すべての愛情や快い交わりが一瞬にして断たれてしまう時には、たとえ信仰のあつい人でも、薄気味悪い気持なしで、これを迎えることはできません。クリスチャンにとっては、確かに死はもはや恐るべきものではなくなったはずなのに、なお死が恐ろしい経験であることに変りはありません。霊は、その宿る体がなければ未完成であり、不完全なのです。この不気味な経験について、パウロは次のように言っております。「私たちが今持っているこの肉体が老化し、駄目になっても、神が下さる新しい体が天に用意されていることを、私たちは知っている。私たちは肉体を持って生きているが、実は天から与えられる新しい体のことを思って、うずうずしている。それを持てば、たとい肉体は朽ちても、霊だけでいることにはならないからである。確かに肉体を持ってこの世に生きている間は、いろいろな悩みや苦しみがある。そして、天から与えられる新しい体を持ちたいという願いで一杯である。それは、もう二度と死なない体だからである」(コリント2、五・一―四)。

パウロは、ここで霊が肉体から離れることを裸の状態にたとえております。霊が肉体から離れてすぐ天から与えられる新しい体を受けるのではなく、そこにいわば裸のような状態があるのだということについて触れております。そして同じ章の五節において、パウロは「このようにすばらしい復活の霊的体を与えられるのは、神の恵みによるのであって」と言っています。さらに、八節では、「主のみもとに行くことが確かであるので、心強く思っている」と言って、主のみもとに行くことを述べております。確かに死はそれ自体では最悪ですが、主のみもとに行くことによって得られる喜びは、実にすばらしく栄光に輝いたものであり、また心が引き付けられるものなので、主が召してくださった時には、喜んで肉体を離れ、主のみもとに行くことに心強さを抱いております。

パウロは、生の重荷から解放されることを熱望しております。それは、ローマ教会への手紙の中にも記されております。「分裂してしまっていて、自分の力では決して善いことができなくなってしまった、死んだようなこの私を、一体だれが救い出してくれるだろうか。……私はこのように考えている。今の時のいろいろな苦しみは、将来私たちに与えられる栄光に比べるなら、全く取るに足りないものである。今、被造物は、神の子供たちが明らかにされるキリスト再臨の時を切実な思いで待望している。被造物が今むなしさの中にあるのは、自分の意志によるのではなく、神の御心によるのであって、そこにはまた希望がある。それは、被造物もその滅びに向っているむなしい状態から解放され、やがては神の子供たちの栄光に輝いた自由の中に入れられる。私たちがよく知っているように、被造物全体は、今に至るまで、産みの苦しみをなめている。そればかりか、来るべき祝福の初穂を頂いている私たちクリスチャンでさえも、心の中でうめきながら、神の子として完成されること、つまり、体の復活を待ち望んでいる。私たちはこのような望みの信仰によって救われた。目に見えるものは望みではない。人は目に見えるものなど望んだりしない。私たちが望んでいるものは、目に見えないものである。だから、忍耐をもって待ち望まなければならない」(ローマ七・二四、八・一八―二五)。私たちクリスチャンの救いの完成は、肉体があがなわれる時であり、その時、御霊の最初の実を持っているクリスチャンに解放をもたらすだけでなく、あらゆる被造物にも救いと更新をもたらします。

私たちクリスチャンは、死を恐れません。また、この世の人たちのように肉親との死別をことのほか悲しみません。神にすべてを任せてあるのですし、救われている肉親となら、また天国で会えるのですから。私たちのために多くの犠牲を払い、私たちを愛してくださっている救い主のみもとに行くのが死なのです。死ぬことは、天にある私たちの本当の故郷に帰ることなのです。この世の生活は、永遠に続く、はるかに偉大な生活の準備の場にしか過ぎません。神は私たちがこの地上の生活で満足し、落ち着いてしまわないようにと願っておられます。私たちがいつも天国の生活に対する期待がさらに大きくなるようにと願われて、適度の悲しみや苦しみや、失望などをお与えになります。「私たちの国籍は天にある」（ピリピ三・二〇）ということをしっかりと信じる者でありましょう。

五　死に対する備え

もしもあなたの人生がもう数か月で終ってしまうということが分ったとしたら、あなたはそれまでの時間をどういうふうに過されるでしょうか。私は、それに対して三つの違った過し方があるのではないかと思います。（一）死を前にして何も手に付かない。（二）どうせ死ぬのであれば、やりたい放題のことをするのだと言って、自暴自棄になる。（三）もう数か月しか生きられないのだとしたら、それまでのわずかな人生を、充実した意義のある生き方をしよう。そして、この三通りの生き方は、何も死を前にして急に出て来た生き方ではなく、それまでのその人の生き方が、死を前にして、たまたまはっきりしたにすぎません。第一の生き方は、どちらかと言うと、植物的な生き方であると言ったらよいでしょう。そして第二の生き方は、動物的な生き方であると言ったらよいでしょう。そして、第三の生き方こそ、最も人間らしい生き方であって、死を前にしても、特別に自分の生き方を変更する必要のない人です。つまり、死の問題の解決ができている人なのです。

ところで、死が数か月も後ではなく、もう数日しかないということになると、この三通りの姿勢は、必然的に二通りになってしまいます。（一）死を前にして手も足も出ない。（二）静かに死を迎える。死の前に、生きる欲望がすっかりしぼんでしまって、無気力になるか、静かに死を待つかのどちらかになってしまいます。そして、いずれの場合もそうですが、死の問題が解決している人は、たとえ死が迫って来ても、あわてふためくことなく、天国での新しい人生へと旅立って行くことができるのです。

どんな人でも、死のうとしている時は、死ぬこと以外は何も出来ません。時として、キリストの救いについてよく知っていながら、信じることを最後まで延ばしておこうとする人がおります。いよいよ死ぬという時になったら信じ、罪の赦しを得て、安らかに天国へ行こうなどと考えているのです。しかし、死のうとしている時には、私たちは死の恐怖におののいてしまい、悔い改めなどできる余裕はないのです。もちろん、私は死の床で悔い改めた人のいることを知っています。だからと言って、だれもがそのようにすることはできません。

若い人でも、年を取った人でも、同じように死にます。善人でも悪人でも、同じように死にます。このことは、どんな人でも自分の生涯の最後がいつなのか分らないということを教えているでしょう。クリスチャンは、いつ主がもう一度来られてもよいように、その備えをしておかなければなりません（マタイ二四・四四）。と同時に、いつ死んでもよいように、備えをしておかなければならないのです。そしてそれは、何もクリスチャンに限ったことではなく、すべての人にとって、そうであるはずです。

死後のことについては、哲学も科学もなんら確実なことを言うことはできません。人間の理性では、ただ想像する以外何もできないのです。もしも私たちが死後のことについての本当の姿を見抜くことができたとしたら、その時、どんな人でも、ただ恐れるばかりで、何も手に付かないでしょう。自分の犯した罪を神に赦していただかないままで、一体誰が助け手であるキリストのいない永遠へと入って行くことができるでしょうか。

ある人たちは、私たちが癌か、そのほかの恐るべき不治の病気にかかり、ある期間、苦しんで死ななければならないような死のことを恐るべき死に方だと考えているようです。けれども、ある意味では、そのような死に方は、心臓麻痺や溺死や事故死などのように突然やって来るものよりも、少なくとも霊的な幸いと、地上の出来事についての最後の準備期間を与えてくれるのではないでしょうか。年配の人々にとっても、同様のことが言えるでしょう。

多くの人たちが、死を最大の苦痛とか悲劇だと考えているのは、一つには、私たちがこの世で価値があると考えているもの、たとえば、自分の地位とか、財産とか、自分の成し遂げた業績とか、あるいは、これからしようとしている計画などを、後に残していかなければならないと考えるところにあるだろうと思います。けれども、新約聖書の最後にあるヨハネが受けたキリストの啓示一四章一三節には、このように教えられています。「『今から後、主を信じる者として死ぬ人は幸いである。』御霊の神も仰せられる。『そうだ。その人々はこの世の労苦から解放されて、休むことができる。彼らの善い業は天国でも認められる。』」私たちが地上で行なったあらゆる善い業は、天国まで私たちに付いて来て、天国でも私たちのものとして認められるのです。確かに、私たちの物質的な財産が、私たちに付いて来るということはありえないでしょうが、それらのものでさえも、主の御業のために費やされているのであれば、地上の価値が天国の価値に変えられて、天国においても数えられるのです。主が次のように教えておられる御言葉に耳を傾けたいと思います。「自分のために、宝を地上に蓄えてはいけません。そんなことをすれば、必ず虫やさびが付いてしまい、また泥棒に取られてしまいます。むしろ、自分のために、宝を天に蓄えなさい。そうすれば、その宝はいつまでも残ります」（マタイ六・一九―二〇）。ここで聖書が教えている「宝を天に蓄えなさい」ということは、主のためにささげるということです。もちろん、主のためにささげるということは、主の働きのために献金をすることもそうですが、主のために時間や物をささげることもそうです。それが、天において財産を身に着ける唯一の方法なのです。主イエスは、そうすることを私たちに勧めておられます。

大抵の人は、どうしても考えなければならなくなるまで、死という厳しい現実をまじめに考えようとはしません。しかしながら、これは余り知恵のある人のやることではありません。遅かれ早かれ、死は必ず私たち一人一人が経験しなければならないのです。これほど確実なことはありません。しかし、死が訪れて来る時ほど不明なものはありません。ですから、私たちは死に対する備えをしておかなければならないわけです。そして、正々堂々と死に立ち向うことです。

もしも私たちが死に対する十分な心の備えが出来ていないとしたら、死に当面した時、精神的に錯乱状態になってしまわなければならないでしょう。しかし、自分が過去において犯して来たすべての罪が神によって赦されていることを知っている人々は、静かに死の到来を待つことができるのです。

昔ジョン・ウエスレーが、ある人から次のように聞かれたことがありました。「もしも明日の夜中の十二時に、あなたの死ぬことが分っているとしたら、その間の時間をどのようにして過しますか。」すると、ウエスレーはこう答えたということです。「そうですね。私は今までの計画通りに過します。私はグロチェスターで、今晩と明日の朝の二回、説教をします。それから、チュクスベリーまで馬に乗って行き、そこで午後説教し、夕方はそこの人々と集まりを持ちます。それから、きっと私を待っているでしょうから、友達のマーティンの家へ行って、その家族の人々と一緒にだんらんの時を持ち、一緒に祈るでしょう。それから十時には自分の部屋に行き、天のお父様に祈り、後はお任せし、床に就いて眠ります。するとと、神の栄光の中で目を覚すでしょう。」

死を前にしても、ウエスレーは、自分の計画を少しも変更する必要を感じませんでした。はたして、あなたはどうでしょうか。この世についての考え方、死についての考え方、天国についての考え方が、聖書に立った、はっきりとしものであるなら、ウエスレーと同じ考え方を持つことができるはずです。

ところで、ここにあの偉大な宗教改革者ジャン・カルヴァンが、その「キリスト教綱要」の中で述べていることを引用しておこうと思います。それは、私たちクリスチャンの死生観確立に参考になると思うからです。日本語に訳された「キリスト教綱要」は、どうも少し難しい言葉が使われておりますから、ここではもっとやさしい言葉で訳し直しておこうと思います。

「どんな患難に遭おうとも、私たちはその目的をいつも心に留めていなければなりません。つまり、私たちが来るべき生活について、静かに思い巡らすようになるためには、現世の生活に心を奪われないような習慣を身に着けることです。というのは、主は私たちがこの世を愛する肉欲の愛に、すぐにも傾いてしまうという強い傾向を持っていることを知っておられますから、私たちが余りにもその愚かな愛情になじんでしまわないようにと、その無感覚さから私たちを引き戻し、目覚めさせるために、極めて優れた方法を採られます。私たちの心の目は、富や権力や名誉などのむなしい輝きにくらまされていますから、余りに遠いところまでは見通すことができません。また、魂全体が肉的な誘惑に引かれていますから、その幸福を他に求めます。この悪に対処するために、主はたえずその子供たち（神の子供たち）に、悲惨という教訓を与えて、この世の空しさを教えられます。彼らがこの世に、十分で確実な平安を期待しないようにと、主はしばしば彼らの平静さを乱され、戦争や暴動や盗難やそのほかの危害によって、荒らされることを許しておられます。彼らが余りにもむさぼるようにして、はかなく不確実な富を求めたり、彼らの持物に頼ったりしないようにと、時には追放、土地の不毛、大火事、そのほかの方法によって、主は、彼らを貧困にしたり、あるいは少なくとも、彼らを平凡さの中に閉じ込めたりなさいます。彼らが夫婦の幸福にひたって、余りに満足しすぎないようにと、主は、彼らの妻の意地悪さに悩まされたり、悪い子孫のために恥をかかされたり、あるいは子供のないことや、子供を亡くしたりして苦しむようになさるのです。しかし、ここまでのことにおいては、主が彼らに対して非常に寛大であったとしても、やはり彼らが虚栄や不当な確信で慢心してしまわないようにと、主は、病気や危険によって、この世の過ぎ行く人の幸福の不安定で、はかないことを、彼らに示されるのです。ですから、私たちは次のことをこの世の生活から学ぶ時にのみ、十字架の教訓から本当に教えられます。この世の生活は、それ自身について考えるなら、数えきれないほど多くの場合に、落ち着かず、狂暴で、惨めで、全然、幸福なものではありません。また、その幸福と言われるものも、不確実で、はかなく、むなしいもので、多くの悪と混ぜ合わされていて、質を悪くされているものです。ですから、地上では、闘争以外には何も得られませんし、また期待もできないという結論をすぐに下し、私たちが栄冠を思うなら、天に目を向けなければならないことを学ぶのです。もしも現世の生活に心を奪われない態度が、あらかじめ心の中にないならば、心は決してまじめに未来の生活を求めたり、また静かにそれを思い巡らしたりなどする気を起すはずはないからです。

しかし信者は、人生を嫌悪したり、神への感謝を忘れたりすることのないように、現世の生活に心を奪われないように慣れる必要があります。というのは、この世の生活は、不幸が満ち満ちているにもかかわらず、やはりそれは、軽蔑されてはならない神の祝福の中に、当然入るものであるからです。ですから、もしも私たちがこの世の生活の中に、少しも神の恵みを見出すことができなかったとしたら、私たちは、すでに神ご自身に対して、少なからず神に対する感謝を忘れているという罪を犯していることになるわけです。ことに信者にとっては、その全生涯は、彼らの救いが完成されるように、あらかじめ定められているわけですから、この世の生活は神の慈しみをあかしするものでなければなりません。というのは、神は私たちに対して、永遠の栄光という嗣業を示される前に、それよりも劣ったいろいろなことに、私たちの父である神として、ご自身を現そうと思われたからです。これが、毎日私たちに与えられる神の恵みなのです。もしも私たちがこの世において、ある程度まで天国の栄光のために準備されているということを考えるなら、そこにこそ、神に感謝すべきはるかに優れた理由があるのです。というのは、主は、ついに天で冠を授けられる人々が、その戦いの困難にも打ち勝たず、勝利も得ないで、ただ凱旋していくというようなことがないように、まずは地上で戦いに従わなければならないということを、定められたからです。

何が最も主の栄光に貢献することであるのかということを定めるのは、主ご自身のなさることです。ですから、もしも私たちが『主のために生き、主のために死ぬ』（ローマ一四・七―八）のにふさわしいのであれば、私たちは生死の限界を神の決定にゆだねましょう。しかしそれは、死を熱烈に望み、たえずそれを静かに思い巡らし、来るべき死に比べて現世を軽んじ、現世が罪に隷属しているために、主が喜ばれる時には、いつでも喜んでそれを捨てる態度で、そうするのです。

しかしながら、クリスチャンであると自ら誇っている人の中でも多くの人が、死を望む代りに、かえって死という言葉が話題に上りでもしようものなら、それが自分に振り掛って来る最大の不幸ででもあるかのように、震えおののくというのは、また奇怪千万なことと言わなければなりません。実際、私たちの自然の情が、自分の体の解体を知って驚き恐れるようなことがあったとしても、それは一向に不思議ではありません。けれども、さらにすばらしい慰めによって、そのような恐れにことごとく打ち勝ち、それを乗り越えて行くのに十分な敬虔の光が、クリスチャンの胸中にないということは、耐えられないことです。というのは、もしも私たちが、この不安定な、堕落した、朽ちやすく、脆弱な、衰えて行く私たちの肉体という幕屋（住み家）が、後に永続的な、完全で、朽ちない、天の栄光へと復興させるために、解体されることを考えるなら、その信仰は、私たちの本性が恐れているものを、かえって望むようにさせはしないでしょうか。もしも私たちが死によって、自分自身の国、つまり天国に住むために、追放から呼び戻されるということを思い返すなら、そこから何の慰めも得ないなどと言えるでしょうか。……ですから、このことから、私たちははっきりと結論を下してもよいでしょう。死と最後の復活の日を喜んで待ち望んでいる人でなければ、キリストの学校においては、少しも上達しているとは言えないということです。「これらのことが起り始めたら、救いを待ち望みなさい。救いは近付いたのです」（ルカ二一・二八）と主は言っておられます。そういうわけで、私たちは、もっと健全な判断力を身に着けるようにしましょう。確かに、盲目で愚かな肉欲という反対はありますけれども、すべての出来事の中で最も喜ぶべきものとして、主の到来を熱烈に、ためらうことなく待ち望みましょう。というのは、主は私たちをこの底知れぬ悪と不幸の深淵から救い出し、主の命と栄光のあの祝福された嗣業へと導かれるために、贖い主として再び来られるのだからです」(『キリスト教綱要』第三篇九章一―五)。

ここには、クリスチャンがこの世の生活や、持物や、死に対して取るべき態度が、聖書の光に照らして教えられています。これが、偉大な宗教改革者ジャン・カルヴァンの死生観です。彼は、聖書からこのように解説しています。私たちは、聖書からこれほど深く教えられているでしょうか。これは、一人カルヴァンだけの死生観ではありません。私たちもクリスチャンとして彼と同じ考え方をして、自分の生涯の最後について、しっかりとした心備えをしておく必要があるのではないでしょうか。

六　愛する者の死に際して

私が教会の修養会に行こうとしていた時、母が召されたという連絡がありました。すぐに家内を残し、家内には召された母のもとへ行ってもらいました。そして、私は家内とは電話で連絡を取り、前夜式、葬式の手はずを整え、教会の修養会を全部終えたところで、母の召天と葬儀の日程を発表しました。それを見ていた当時まだ一人前になっていなかった私の子供の一人は、私を冷血漢のように思ったそうです。しかし、大切な主の集会を台無しにすることなど、どうしてできるでしょうか。

私にとって母は非常に大事な人です。その母が召されたことを知って、どうして悲しまずにいられるでしょうか。しかし、信仰を持って天に召された母は、天国で愛する主のみそばに行ったのです。ですから、希望のない人たちのように悲しんだりはしません。さらに、牧師として大切な修養会での奉仕が終るまでその悲しみに耐えるのは当然のことではないでしょうか。

私たちにとって身近な愛する人が突然召されるようなことが起った時、痛切に寂しさを感じることは当然のことです。しかしながら、抑えきれない悲しみに身を任せたり、神の摂理の御業に憤りを投げつけたりはしません。私たちの身近にいた人の親しみのある声を聞くこともできなくなり、その人を頼りにすることもできなくなってしまうのです。寂しさ、悲しさは、その人と親しければ親しいほど、大きいでしょう。私は小さい時から体が弱く、大病をした時には、寝ずの看病をしてくれた母親の愛を、小さい時から受けて育って来ましたから、母親に対しては特別な思いがあります。その母親が突然召されたという報に接した時、私の心は大きなショックを受けました。しかしながら、私は自分に与えられた使命を放棄してまでも自分の感情にひたっていることは許されませんでした。すぐに心を持ち直し、家内にすべてを任せ、私は教会の修養会での奉仕のため、行ったわけです。身近な人の死を何とも感じないのだとしたら、もはや人間とは言えないでしょう。地上におけるしばしの旅に出る人との別れでさえ、私たちは名残を惜しみます。まして、もうこの世では二度と会うことのできなくなった悲しさ、寂しさを平気でいられるはずはないでしょう。

ところで、クリスチャン同士であれば、もう決して二度と会えないわけではありません。天国においてまた会えるのです。亡くなった人は、天国へ先に行ったわけです。ですから、私たちは、悲しいという一面だけを、いつまでも眺めているべきではありません。もう二度と失われることのない天国へ行ったことを喜ぶべきです。

それでは、キリスト教の葬式においては、皆喜んでいるのでしょうか。今、申しましたように、私たちには、悲しみ、寂しさという面と、それを乗り越えた信仰による喜びという面の両面があるのです。そういうわけですから、キリスト教の葬式においても、泣くことは、必ずしも不似合いではありません。現に、主イエスはラザロが葬られた墓の前へ来られた時、涙を流しておられますし、聖書は喪に服することと、死んだ人のなきがらを尊ぶことを認めております。しかし、私たちは、埋葬する場合、愛するものの肉体だけを埋葬するのであって、霊までも埋葬するのではないということを知らなければなりません。霊は、すでにその人の肉体から離れて、主と共にいるのです。

クリスチャンでも、愛する者との別れは悲しいものです。人を本当に愛することを知っている優しい心の持主であるクリスチャンであるからこそ、悲しみもまた深いはずです。しかし、私たちが悲しみに対処する唯一の方法は、主イエスがなさったように、静かに、しかも勇敢に、私たちの天のお父様のなさることは皆正しく、かつ善いことなのだという絶対の信頼をもって、それを迎えることなのです。

私たちの愛する者が天に召されて、私たちがなおこの世に残されているのは、私たちがしなければならない仕事を、神はまだ用意しておられるということではないでしょうか。それは、私たちの霊性をもっと高めることであるかもしれません。また、だれかほかの人々のために、何かしなければならない仕事があることなのかもしれません。いずれにしても、神は、私たちがそのなすべきことを成し遂げることを期待しておられるのです。また神は、私たちに時を与えてくださいます。時が経つと共に、忘れやすい私たちの記憶から、もちろん愛する者との別れという生々しい出来事は、そうたやすく消えてしまうものではありませんが、それでも、以前ほどの苦痛はなく、かなり和らげられていることを知ります。こんな時、私たちの忘れっぽさも、神の恵みの中にあるということを覚えさせられます。

私たちにとってみれば、愛する者との死別は、悲劇のように思われるかもしれません。しかしながら、天に召されて行った人にとっては、その日は冠を授けられる喜ばしい日なのです。そればかりではありません。私たちもやがてその同じ門口を通ることを知っています。新しい幸福な家庭を築くために、娘を結婚させる両親のように、去って行く人の幸福のために、寂しさと別離に喜んで耐えることはできるはずです。私たちは、余りにも自分のことばかりを考えすぎてはいないでしょうか。自分の悲しさと寂しさのことを思って、ただ涙を流したりすることは、愛する人の幸福を本当に喜んでいる人のなすべきことではありません。

天に召されて行った人は、そこで本当に幸福なのです。天におけるすばらしい生活に入った人は、罪と苦しみ、虚偽と不正に満ちたこの世よりもはるかに幸福な日々を送っております。ですから、もしもこの世にもう一度戻って来ることができたとしても、決して戻って来るようなことはありえないと思います。それほど天国はすばらしい所なのです。何よりもまず、そこは、私たちのために命を捨てるほど私たちを愛してくださった主イエス・キリストと共におられる所なのですから（コリント2、五・八）。

個人的な絆は断たれても、一時的な別離があったとしても、あのさらにすばらしい御国において、確実な方法で、再び永遠に結び付くことができるのです。それは、この世においてもあることなのではないでしょうか。数年間でも会わないでいた友達に再会できた時には、その別れていた数年間などは全然なかったかのように思われるものです。御国における再会も、これとちょうど同じことなのです。

神は、すべての人を支配しておられます。人の生も死もつかさどっておられます。ですから、神がよしとされた所に、私たちの心の平安と納得があるのです。私たちは、時として、ある人の一生が終る前に、まだまだその人の成し遂げるべきことが沢山あるように見えることがあります。なぜあんなに早く死んでしまったのだろうかと考えるかもしれません。しかし、神の目からご覧になる時、どんな人でも、その人を神が召される前に、神はその人の仕事を完結しておられるのです。すべてを支配し、ご自分の目的を遂行するのに妨げとなるものを一つも持たない神にしてみれば、これはむしろ当然すぎることではないでしょうか。

愛する者の死に際してとは直接関係のないことですが、ここで、ちょっと愛する者たちの死後のことについて考えておきたいと思います。以前、私は一人の人からこんな質問を受けたことがあります。「私を産んでくれた母は、今の私よりもずっと若い時に天に召されたのです。もしも私が天に召された時、私よりも若い母と年取った姿の私とは、どうなってしまうのでしょうか。」確かに、もっともな疑問のように思われないこともありません。しかし、これは天国における事情を正しく理解していないところから起って来ている疑問だと思います。主イエスが語っておられる通り、天国では結婚はありません（マタイ二二・三〇）。結婚がないということは、夫婦の関係も親子の関係も、そこにはないということです。それでは、そこにある関係はどういうものなのでしょうか。皆、神の子供として、兄弟姉妹なのです。もちろん、なんらかの形での識別はあるでしょう。しかし、もうそこでは親子の関係ではなく、すばらしい兄弟姉妹の関係なのです。今私たちが教会の中で、兄弟姉妹という言葉を使っていますが、本当に兄弟姉妹なのだという感覚を持ってそのように言っているかと言うと、必ずしもそうでないことが多いのではないでしょうか。何か大きな問題が起って来るような場合、クリスチャンの兄弟姉妹に相談するよりも、ノンクリスチャンの肉親に相談するのではありませんか。つまり、口先では「兄弟姉妹」と言いながら、ノンクリスチャンの親兄弟の方が頼りになり、大切なのではありませんか。ところが、天国においては、真実な兄弟姉妹関係が実現するのです。

七　死ぬ時、一体何が起るのか

生きている人で死を経験した人はおりません。もちろん、臨死体験をしたという人のことは分っています。しかし、これは私たちが考えている死と、必ずしも同じではありません。そういう臨死体験をした人から教えられることはあります。そういうわけで、臨死体験をした人々から教えられたことについては、後で言及しようと思っておりますが、それとは別の、一度死ねばもう生き返ることのない死について、ここで考えてみようと思っております。

人は死ぬ時、そこで何が起るのでしょうか。だれも経験したことのないことですから、人の経験から学ぶことはできません。このようなことについては、人間の生も死もつかさどっておられる神から教えていただく以外にはありません。聖書は、死を霊と肉体の分離であると教えております。「人の肉体は土から作られたので、元の土に帰り、霊はこれを授けてくださった神のもとに帰って行く」のです（伝道一二・七）。

人間の一生というものは、決して死で終ってしまうものではありません。人の一生は、初めはありますが、その後永遠に続いて行きます。そして、この世での生活は、その果しなく続く長い道程のほんの最初の段階にすぎません。ですから、死は、人間の長い歴史の終局なのではなく、霊が、新しくさらに不可思議な世界に入って行くほんの入口にしかすぎません。その性質上、その不可思議な世界への移り変りは、まことに神秘的であり、かつ荘厳なものなのです。

クリスチャンは、死ぬと、その霊はすぐに救い主イエス・キリストのみもとへ行きます。栄光の輝きに満ちた主、しかも私たちのために尊い犠牲の死を遂げてくださった愛する主にお会いするのです。それから、すでに主を信じて死んで行った愛する人々にも会えます。そこは、自分の本当の故郷であり、また天の家庭なのです。そして心の本当の憩いの場でもあります。

死の彼方において、どんなことが起るのかということについては、私たちは聖書に書かれていることと以上には分りません。ただはっきりしていることは、死の瞬間に、すべての事柄は、突如として新しくなるということです。パウロは、そのことについて、次のように述べております。「今、私たちが知っている神についての知識は、ちょうど鏡にぼんやり映っているようなものでしかないが、やがてこの世の終りの時が来ると、すべては顔と顔と合せて見るように、はっきり分るようになる。その時には、神が今、私たちをご存知であるのと同じように、私たちもすべてのことをはっきりと知ることができるようになる」（コリント1、一三・一二）。

その時、私たちは主のみもとに行って、今まで大事なことだと思って、あくせくしていたこの世のことなどは、全然、問題ではなく、神のこと、私たちの信仰生活のことだけがクローズ・アップされて来るのです。そして重要なことは、私たちがどれだけのことをしたかということでもなければ、どれだけのものを主にささげ、また人々に与えて来たかということでもなくて、どのような動機、どのような目的で行動したかということであったということが分るでしょう。その時、私たちは、どれだけのお金を主にささげるべきであったということではなく、こんなにも沢山の主から頂いたお金を、なぜ自分のために取っておいて、献金しなかったのかということに驚くことでしょう。またその時、私たちはどんなものであっても、本当は自分のものではなく、お金も、土地や家庭も、そのほかの有形無形のあらゆるものが、すべて本当は主のものであって、私はその管理を一時主から任せられていたにすぎなかったのだということが、本当によく分るでしょう。

そして、それまでずっと長い間、十分に理解できないでいた真理に圧倒されてしまうでしょう。また、自分が取り逃してしまった時間を、もしもその一〇〇分の一でも取り戻すことができたとしたら、それを主に対する奉仕と、主を喜ばせる生活のために費やしたいと、後悔にも似た思いにかられるのではないでしょうか。また、聖書があんなにも繰り返し教え、教会では牧師先生から何度も言われていたのに、「心の畑は色づいて、刈り入れるばかりになっている」（ヨハネ五・

三四)、その心の畑から、なぜ多くの人々を救いへと導かなかったのかと思うことでしょう。それればかりでなく、なぜ聖書に記されている神の真理について、もっとよく学ばなかったのかとも思うにちがいありません。また、一緒に生活して行く旧新約の信者たちのことを、聖書研究によって、なぜもっとよく知っておかなかったのかとも思うことでしょう。

こうしたことを考えていくうちに、それらのことをするのに、まだ遅くはないのだということに気付かされます。死に際して、後悔しないですむためには、今の生活を正しく整えておかなければなりません。聖書を通し、教会の牧師先生の口を通し、何度も教えられたことが、天国においてどのような意味を持って来るのかということが分って来ると、それが他人事でないことがよく分ってきます。それは、この自分のためなのです。

はたして私たちには、死を迎えるのに十分な時間が出来ているでしょうか。死だけは、だれ一人としてその時を遅らせることはできません。死が私を訪れてきた時には、どんなに会いたくなくても、決して居留守を使うことはできません。前にも言った通りです。そのことについての警告を、聖書は繰り返し繰り返し私たちに発しております。その神のご警告に耳を傾けることのできる人は幸いです。

八　人は死んだらどうなるのか—不死

だれでも、人間は死んだ後どうなるのかということについて、少なからず関心を持っております。それは、一つにはどんな人でも、墓の彼方までも続いて生きたいという強い願望を持っているところから起るものだと思います。その願望は、だれもが生れながらに持っている最も素朴で、しかも全人類に普遍的なものです。私たちは死が恐ろしいからそのような願望を持つと言うよりも、本能的に何か大きな命の中に入りたいと感じているわけで、それは、神から与えられた願望ではないでしょうか。

私たちは、だれでも遅かれ早かれ渡らなければならないあの死の川の近くに立つ時、旧約のヨブのように、「人は死んだら、また生き返るでしょうか」（ヨブ一四・一四）と問わざるをえません。親しい人の葬式に列席する度に、私たちは死んだあの人にはどんなことが起ったのだろうかとか、彼は今どこにいて、何をしているのだろうかと考えてしまいます。私たちの自然の本能は、私たちが死後も生き続けているのだと告げております。そしていつの時代でも、ほとんどの人は、死後の命の存在を信じてきました。それは、単なる希望的観測というようなものではありません。

この死後も命を持ち続けることを、不死という言葉で表そうと思います。私たちは、この世のことについては、用が足りすぎるほど多くの表現を持っており、似たような言葉でも、お互いの間に微妙な相違を持っている場合さえ、しばしばあります。それなのに、自分が経験していない事柄になると、全く聾唖者にも等しいほど言葉を失ってしまうのです。死後のことについても同じです。死後も生き続けるということを、永遠の命と混同しないためにも、不死という言葉は役に立つのではないかと思います。前に、死が呪いという意味を持っていることを述べましたが、ここで使う不死という言葉には、祝福とか呪いという意味は全然ありません。クリスチャンであろうとノンクリスチャンであろうと、人間は皆死後も消滅しないことを表すにすぎません。

人間が不死を本能的に熱望していることについては、歴史がこれを示しております。人類が持っている宗教に表れておりますが、また彼らの願望の表れにほかなりません。

古バビロンとアッシリアの宗教は、死後の世界を明らかに信じておりました。また、エジプトもそうです。「死者の書」は、彼らが不死の信仰を持っていたことを証拠立てていますし、彼らがミイラを作ったことも、霊がやがて帰って来るという信仰を持っていたからです。インドでも、ヒンズー教やバラモン教は、不死の信仰を持っております。ヒンズー教から後で発展して出来た仏教には、霊魂の輪廻（りんね）という考えがあります。霊魂の輪廻という思想は、インドばかりでなくペルシャでも広く信じられておりました。また古代ギリシャの宗教にも来世信仰がありました。古代ローマでも、死者の影の国という形で、死後の世界を信じておりました。中国や韓国やわが国でも、祖先崇拝という形で、来世信仰を持っておりました。ことにわが国の神道では、死んだ者が幽冥界からこの現世界を支配するのだと信じられています。

いずれにせよ、世界中の人々は、不死の考え方を持っておりました。そして、ごく少数の現実的な唯物論者（今日でもこういう考え方を持っている人が少なからずおります）が、死後の世界を否定して、「さあ、食べよう、飲もう、楽しもう。明日は死ぬのだから」と言って、死があたかもすべてを終らせてしまうかのように生活しています。しかし、その人たちは、死を前にして、何の準備も出来ていないことを後悔する人たちなのです。

しかしながら、来世は人類の本能的な願望であるだけではありません。それは、あるはずなのです。もしもこの世の中がすべてであるとしたら、余りにも多くの善が報いられないままになってしまいますし、余りにも多くの悪が罰せられないままになってしまうことになります。そうであるとしたら、神が主張される正義は、中途半端なものになってしまわないでしょうか。人間の目はいくらでもごまかすことができるのに、神の目をごまかすことはできないと言ったところで、この世の中ですべてが終ってしまうのだとしたら、神はごまかされていることになってしまわないでしょうか。

一方においては、悪いことの限りを尽して不正に利益を得ている人がいるかと思うと、他方においては、神のおきてを守ろうと努めているのに、必ずしも良い報いばかりを受けているとは言えない人がおります。真理が塵にまみれ、虚偽が王座を占めているのを、しばしば見ます。ネロのような暴君が王宮にいて、パウロのような高潔な人が牢獄の中に投げ込まれたことを知っております。今日でも、誤って訴えられた人々に、無実の罪が着せられて、不正な判決の下で苦しんでいる人が少なからずいることを知っているでしょう。また、自分の犯罪に対して受けるべき当然の刑罰を、うまく逃れてしまう人間のいることも知っています。商売や取り引き上の不正、人権の侵害、また生命の不当な取扱い、堕胎など、ありとあらゆる悪事が横行しております。しかし、この世において罰を逃れた人たちが永遠に逃れきれるとか、正しい人の善い行ないが永遠に報いられないなどということは、決して考えられません。むしろ、どんな種でもそれを蒔けば、その刈り取りをすることになる（ガラテヤ六・七）という不変の法則によって、この世で刈り取ることをしないのであれば、来るべき世でそれを必ず刈り取らなければならないはずです。

それればかりではありません。生きている人間というものは、霊と肉体の結合体であって、肉体はやがて朽ちてしまうとしても、霊がこの世だけでなくなってしまうというようなことのあろうはずがありません。人間に与えられている霊的、道徳的、知的能力は、この世の中においてだけ活用されるものではなく、それをさらに発展させ、完成させることができる環境のあることを、それ自身が暗示しております。ですから、神は人間の霊を、再び無に陥らせる目的で、人間に与えられたのではありません。人間は今時間の中に生きておりますが、永遠のために造られたものなのです。私たちは、さらに偉大な聖さを、さらに十分な視力を、さらに完全な聴力を、そしてさらに速やかな伝達方法を、熱烈に望んでおります。

この世の中における人間の生涯は、いわば訓練のための学校のようなもので、さらに本当の生活のために準備する予備的な段階にしかすぎないものなのです。もしもこの世の中のことがすべてであったとしたら、私たちのすべては、そのほとんどが失敗であったと言わなければならないでしょう。しかし、この世の人生の最後にある死は、決してそれですべてが終ってしまうのではなく、さらに先にある、はるかに豊かな生活へと通じる大道にすぎないのです。この世の生活は、ほんの序の口にしかすぎません。私たちの中心的な生存の場は、未来にあるのです。私たちは、もはや病も死もなく、つねに先へ、上へと進歩している彼方の国においてのみ完成することができるのです。もちろん、自分の罪を悔い改めない悪人にとっては、不死とは永遠の死を意味します。つまり、神から永遠に離されてしまうことです。今のこの世の中においては、たとい神に逆らい続けたとしても、なお神の恵みの御手の中にあって、守られています。しかし、ついに最後の時が来れば、祝福それ自体でいらっしゃる神から永遠に切り離されてしまうのです。これがいかに恐ろしいかということは、十字架上で、主イエスが発せられた御言葉、「わが神、わが神、どうしてわたしをお見捨てになったのですか」（マタイ二七・四六）を見れば、よく分ると思います。これは、私が発しなければならない苦悶の叫びを、主イエスが身代りに発せられた御言葉であるからです。それに反して、主イエス・キリストを信じて、正しい人とされた人々の進む方向は、より大きな恵みと完成に向ってのたゆみない前進があるのです。それは、向上であり上昇ですが、悪人にとっては、さらに恐ろしい罪と刑罰に向ってのたえざる下降があるだけです。

死後の世界のことについては、私たちは、それがあるはずだということ以上は、何も言うことができません。それは、私たちの理性や感覚を越えた事柄であって、万物の造り主であり、また支配者であられる神からの啓示以外に、それを正しく知ることはできません。そこで、神の啓示である聖書を見てみると、不死ということは、説明や証明以前の公理として考えられているということが分ります。

旧約時代のヨブが、「人は死んだら、また生き返るでしょうか」（ヨブ一四・一四）と問うたことは、余りにも有名ですが、この反語的な問いに対し力強く肯定して、次のように言っております。「私は知っている。私を救う方は生きておられ、終りの日に、この地上に立たれるということを。死んだ後だけでなく、この苦しみの中で神とお会いする」（ヨブ一九・二五―二六）。

多くの詩を作っていることで知られているダビデ王もまた、不死を信じておりました。彼はこう言っております。「あなたは、私を墓に放り出しておかず、あなたの聖い方を朽ち行くままにしてはおかれません」（詩一六・一〇）。また、ソロモン王も不死を信じていました。彼はこう言っております。「人の肉体は土から造られたので、元の土に帰り、霊はこれを授けてくださった神のもとに帰って行く」（伝道一二・七）。

不死は、多くの預言者の書物の中にも説かれております。たとえば、預言者イザヤはこのように言っております。「あなたを信じて死んで行った人々は復活し、希望にあふれた未来があるので、さあ、喜び歌いましょう」（イザヤ二六・一九）。

このように、旧約聖書の中にも不死の教えが述べられておりますが、新約聖書の中には、さらにはっきりと記されております。主イエス・キリストのあがないの御業は、来世の神の国のためになされたものでした。主イエスの世界観は、来世に基づいておりましたし、主イエスは永遠の雰囲気の中で生きておられました。ですから、来世の生活は、主イエスにとっては、この世の生活と同じように現実的なことでした。パウロは、はっきりと、「キリストは復活によって死を滅ぼし、福音によって永遠の祝福を示してくださった」（テモテ2、一・一〇）と言っておられます。また主イエスは、ヨブが「人は死んだら、また生き返るでしょうか」と問うた問いに答えるかのように、こう言明しておられます。「わたしは死人を復活させ、また、死んだ人にもう一度命を与えて、生き返らせることのできる者です。わたしを信じる人は、たとい死んでも、再び生きることができます。また、わたしを信じる人々は永遠の救いに入れますから、決して滅びることはありません」（ヨハネ一一・二五―二六）。主イエスは、また次のようにも言っておられます。「この世の終りになると、わたしの声を聴いて、人々は復活して来ますが、そんなことがあったからと言って、驚かないでください。わたしはただの人間ではないのですから。天のお父様の御心を受け入れる人々は、世の終りに復活して、永遠の祝福を受けますが、受け入れなかった人たちは、世の終りに復活しても、永遠に呪われ続けなければなりません」（ヨハネ五・二八―二九）。「わたしが天に帰るのは、あなたがたのために、場所を用意しに行くのです。わたしが行って、場所の用意ができたら、また来て、あなたがたをわたしのもとに迎えましょう。わたしのいる所に、あなたがたもいるようにするためです」（ヨハネ一四・二―三）。

また主イエスは、ラザロと金持の譬話（ルカ一六・一九―三一）においても、来世のあることを、はっきりと語っておられます。しかしながら、不死に関する証拠の中で、最も印象的で、また決定的なものは、主イエスの復活です。これこそ、来世についての至上の証拠と言うことができます。「わたしは初めであり、終りであり、また、生きている者である。わたしは一度は死んだが、いつまでも生きている。また、死と地獄のかぎを持っている（啓示一・一七―一九）。主イエスは、来世についての真理を明確に教えられただけでなく、ご自分が復活されることによって、はっきりと来世を証拠立てられたのです。

この主イエスによって示された証拠に立って、主イエスの弟子たちはあかしをし続けました。パウロもそうでした。彼はこのように自分の確信を吐露しております。「私は信仰の戦いを立派に戦い、走るべき道のりを走り終え、信仰を貫いてきた。今からは、私に用意されている、勝利者のための義の冠を頂くだけである。正しい裁き主であられるキリストは、再び来られる時、それを私に授けてくださる。私だけでなく、主が再び来られるのを待ち望んでいるすべての人に授けてくださるのである」（テモテ2、四・七―八）。

私たちが今日、不死を信じるのは、ソクラテスやプラトンがそれを信じ、ほとんどすべての人が信じていたからではなく、聖書が明確に主張していること、中でも主イエスが明確にそのことを証言しておられることと、主イエスご自身が復活されたという事実にあります。しかし、不死ということだけであれば、聖書や主イエスを信じない人たちでも信じておりました。私たちは、その不死の内容を正しく知り、信じることが大切だと思います。そして、その内容が本当によく分れば、来世への期待は、世俗のわずらわしさと責任の重荷に耐えかねて、疲れきってしまっているクリスチャンたちには、喜びと満足の源泉とはならないでしょうか。幸いな私たちの霊の故郷を見上げる時の喜び、それはまたこの世の生活に力と励ましを受けることにもなります。とくに、不死の希望は、病人や、迫害されている人や、見捨てられた人や、老人たちを、どんなに慰めてくれることでしょうか。そこには、本当の休息が私たちを待っていてくれるのです。

九　人は死んだらどうなるのか――中間状態

人間は生きている時、霊と肉体が不可分離的に結合しています。死ぬということは、この結合が解け、肉体は土から造られたものですから、それは土に帰ります。霊はなお残るのです。この霊こそ人間の実体であり、これが不死であって、来世の生活があることについては、すでに述べてきました。その来世の生活、つまり死後の世界について、ここでもう少し詳しく述べようと思います。このことについては、聖書以外に私たちの拠り所は全くありませんから、もっぱら聖書から学んでいこうと思います。

私たちのために、ご自分を犠牲にして、罪のあがないを成し遂げてくださった救い主イエス・キリストを信じ、自分の罪を悔い改めた人は天国へ行き、神の恵み深い救いを拒んだ人は地獄へ行くということは、聖書がはっきり教えているところです。ある人は、こんなことを言っています。「神が愛なら、どうしてすべての人を天国へ入れないで、ある人しか天国へ入れないのか分からない。」けれども、もしも今この地上にいるすべての人を、悔い改めもしないまま天国に入れたとしたら、どうでしょう。そこは天国ではなく、この地上と少しも変らない所となってしまうでしょう。そこでは、人をだましたり、人殺しがあったり、盗みがあったり、不正があったりで、問題ばかり起っている所となってしまいます。しかし、天国にはもはや罪は一つもありません。罪のない天国へ入るためには、一人残らず、自分の罪を悔い改め、罪を取り除いていただかなければならないのです。そういうことになれば、救い主イエス・キリストを信じて、自分の罪を悔い改めない人は、天国に入れないことになってしまうでしょう。

そういうわけで、自分の罪を認め、悔い改めて主イエスを信じて死んだ人は天国へ、悔い改めずに死んだ人は地獄へ行きます。しかし、人間は死後すぐそこへ行ってしまうのではありません。主イエス・キリストが再臨される前に死んだ人は、いわば中間状態とも言うべき所におります。主を信じて死んだ人々は、主イエス・キリストのみもとへ行きます。そこを一応パラダイスと呼んでおくことにしましょう。十字架上で悔い改めて主を信じた一人の強盗に対して主イエスが言われた御言葉を拠り所として、そう言うことにしておきます（ルカ二三・四三）。パラダイスという言葉は、楽園という意味で、天国を指して使われている場合もないわけではありません（啓示二・七）。ラザロと金持の譬話では、信者が死後すぐ行く所を「アブラハムのふところ」（ルカ一六・二二　新改訳）という言葉を使っておりますが、これでは何のことかよく分りませんので、私は「天のすばらしい所……アブラハムと一緒にいる」と訳しておきましたが、一口で言える言葉を考えてみると、パラダイス以外にはよい言葉が見当りません。ただ聖書では、クリスチャンが死後行く中間状態しか表しているわけではありませんが、この言葉以外ここで使える言葉が見当りませんので、一応パラダイスと呼んでおきたいと思います。主イエス・キリストが再臨される前に死んだ人のいわば中間状態については、聖書はそれほどはっきりとした用語を使っておりませんので、やむなくこうした言葉を当てることにしておきたいと思います。

ところが、主を信じもせず、自分の罪を悔い改めもしなかった人は、死ぬとすぐハデスに入れられ、そこで苦しみながら、最後の裁きを待っているのです。（ルカ一六・二二―二四、ペテロ2、二・九）。ここでもハデスという言葉は、ラザロと金持の譬話の中に出て来る言葉を使ったまでのことです。このハデスという言葉を、新改訳は原語のままハデスという言葉を使い、新共同訳は陰府（よみ）と訳しております。この陰府（よみ）と訳されたハデスと旧約聖書に出て来る陰府（よみ）（ヨブ一六・一〇）の原語シェオルの関係については、今ここでは取り上げません。一応私はノンクリスチャンが死後行く場所をハデスと呼ぶことにしたいと思います。

パラダイスに行った人々は、自分の体のあがない、つまり体の復活を待っています（ローマ八・二三）。主イエス・キリストが再臨されると、パラダイスにいる人々は、体の復活があり、霊的体が与えられ、再び自分の霊と永遠に結び合されて、天国へ行くことができます（テサロニケ1、五・四—一一、コリント1、一五・五一—五二、ヨハネ五・二八—二九、ピリピ三・二〇—二一）。ところが、ハデスにいる人たちは、そこで苦しみながら、最後の裁きを待っているのです（ペテロ2、二・九—一〇）。

肉体を離れた霊のためには、この二つの場しかありません。それが聖書の教えです。ローマ・カトリック教会では、煉獄というものがあるということを教えていますが、あれは聖書のどこからも裏付けられないものです。聖書は、人の死後この二つ以外のものがあるなどとは、全く暗示さえもしておりません。

人間は死後、なぜすぐ天国や地獄へ行かないで、パラダイスとかハデスというような所へ行くのでしょうか。それは、人間が、体を持っていない不完全な状態だからです。人間は、霊と体があって、初めて完全な人間なのです。死とは、この二つの結合を解いて、朽ち行く肉体から霊を解放することなのですが、朽ち行く体が取り去られるというだけでは、救いは不十分であり、不完全だと言わなければなりません。この朽ち行く体も、あがなわれなければならないはずです。それが、体の復活であり、その時、初めて救いは完成するわけです。こうして、私たちは天国に入ることができるようになります。ですから、パラダイスにいるのは、体のあがなわれるのを待っている人間の霊なのです。それに対して、ハデスも同じであって、最後の裁きを待っている状態です。

この中間状態について、主イエスは、譬話で語っておられます。それは、ルカによる福音書一六章一九―三一節に記されているラザロと金持の譬話です。ラザロは神を信じていたにもかかわらず、生前それにふさわしい報いを受けることなく死んでしまいました。しかし、彼は死ぬと、パラダイスに行きました。そこは、天のすばらしい所であり、私たちのために命を捨ててくださった主イエス・キリストのおられる所であり、すべて主を信じて死んで行った信者たちもいますから、当然アブラハムもそこに一緒におります。次に、金持も死にました。彼は生前あり余るほどのお金を持っていたにもかかわらず、自分の家の門前にいた貧乏人ラザロに恵んでやることもしない冷酷な人間でした。この不信者の金持は、死ぬとハデスに行って、そこで苦しんでいるのです。この譬話の強調点は、そうした二人の死後の運命が、生前の信仰の有無によって決ってしまったという点よりも、パラダイスとハデスとは行き来することができないというところにあるのです。主が、この譬話で、アブラハムに言わせている言葉に注目したいと思います。これは、金持に対する言葉です。「よく考えてみなさい。あなたは生きている間、ぜいたくな暮しをしていても、ラザロに恵んでやらなかったでしょう。しかし、ラザロは貧しくても今ここで慰められ、あなたはそこで苦しみもだえています。それだけではありません。私たちとあなたがたの間には、越えがたい淵があって、だれもそこを渡ることはできません。」アブラハムがここで言わんとしていることは、パラダイスとハデスの間は、行き来が出来ないということです。もう一つの強調点は、アブラハムの次の言葉に示されています。「もし聖書の教えに耳を傾けないなら、たとい死人の中から生き返る者があったとしても、彼らは決して聴き入れなどしません。」つまり、神の言葉である聖書に聴き従う人だけが、ハデスに行かずパラダイスに行くことができるということです。

ハデスに行った人たちは、最後の恐ろしい裁きを待ちながら苦しみ続けているということ以上、知る必要はないでしょう。ですから、ここではパラダイスに行った人々の姿について考えてみたいと思います。パラダイスにおいては、人間の霊は休息と幸福な状態にあります。もちろん、ここで言う休息は、ただ何もしないでいるということではありません。この世においては、堕落した状態にいる人間は、額に汗してパンを得なければならず、労苦はほぼ徒労にすぎないのです。けれども、パラダイスにおいては、不愉快なことはすべて取り除かれ、新しい動機と新しい目的が与えられて、仕事をすることが喜びとなるのです。そうした働くことの喜び、完成の満足を味わいます。これが、休息と幸福という言葉で言い表している事柄です。そこでは、もはやいかなる被造物のためにもなされるのではなく、ただ神のために業が営まれるわけです。天の生活は、どんなものにも邪魔をされることはありません。常に進歩し、向上し、前進しています。クリスチャンたちは、「神の御座の前にいて、昼も夜も、その聖所で神に仕えているのである」(啓示七・一五)。また、そこには、もはや悪魔はおりませんから、誘惑から解放され、人生の外面的な思い煩いや悲しみ、さらには世事のままならぬことや、混乱などからの解放もあるのです。ペテロは、主イエスと共に過した時、変貌の山において、栄光の姿に輝かれた主イエスの幻を、短時間ではありましたが、見ることができました。その時、彼は、「主イエス様。私たちがここにいることは、すばらしいことです。御心ならば、ここに三つの小屋を造りましょう」(マタイ一七・四)と言いました。そうであるとするならば、その栄光に輝いておられる主イエスと共に、いつもパラダイスにいられることのすばらしさは、何にも代えがたいものではないでしょうか。

聖書は、主によって罪を赦していただいた人間が死んで、パラダイスにいる状態は、意識の幸福な状態であって、それをさらに十分なものとし、永久化するのは、復活と審判だけなのだと教えております。「神のかたち」に造られた人間の霊は、肉体の死に当っても、その能力や知識を少しも失うものではありません。それどころか、それは限りなく発展することのできる可能性を持っているわけで、霊は、この世の限定から解放され、罪の最後の痕跡を拭われると、前よりも一層生き生きとし、活発になるのです。これは、人間が中間状態にいる間だけでなく、永遠に続いて行くことです。この世においては、聖さとか知性の発達、進歩というものは、極めて緩慢です。

けれども、この世から開放されると、その条件は比較にならないほど好転してしまいます。キリストご自身と直接に交わりを持つその祝福された所では、どれほどすばらしい霊の成長があるか分らないほどです。ですから、クリスチャンの中間状態であるパラダイスは、確かに永遠で完全な神の国において、気高い奉仕をするために、特別必要な訓練と教育の時であると言うことができるでしょう。

中間状態にいる人々は、この世の出来事を、あるいは直接に見たり、あるいは天使の啓示によったり、あるいはその人々よりも後で死んだ人々を通して、引き続き知ることは確かです。この世において、あらゆる情報が即座に分るようになりつつある時代に生きている私たちにとっては、より高いパラダイスにおりて、それ以上の直接的な伝達が効率よくなされることを疑うことはできません。

中間状態というのは、一方では罪や苦しみのない状態ですから、個人的にも大きな進歩の時であることはもちろんですが、それにもかかわらず、そのほかの点では、やはり不完全な状態なのです。何よりもまず、その不完全さは、霊が肉体から離れていますから、人間として正常な状態とは言えません。また、その不完全さは、次のような理由にもよります。クリスチャンが約束された報いを受けるのは、その人が死ぬ時でも、またこの世においてでもなく、キリストが再臨される時なのです。パラダイスにいるクリスチャンたちは、それを待ち望んでおります。ですから、中間状態というのは、不完全な状態であると言えるでしょう。

そういうことを考えて来て、人間の生涯を考えてみると、それは三つの段階に分けることができると思います。第一は、この世における状態で、この世に生れて来て死ぬまでの肉体を持った生活です。第二は、中間状態で、死んでから復活するまでの生活で、体のない生活です。そして第三は、復活した霊的体を持った生活で、これは永遠に続いていきます。これを図で示すと、次のようになります。

この図は、左から右へ見ていきます。この世に生きていた人が死にますと、霊と肉体が分離し、霊だけになるのが、中間状態です。キリストが再臨される時、体が復活して、霊と再び結合し、永遠の状態に入って行くというものです。この図を見れば、一目瞭然、クリスチャンとノンクリスチャンと

（歴史の終末）				キリストの再臨	
（個人の終末）	（この世）	死	（中間状態）	復活	（永遠）
	クリスチャン	→	パラダイス	→	天国
	ノンクリスチャン	→	ハデス（よみ）	→	地獄

の運命が、それぞれ違うということがよく分ります。キリストを信じて救われた人、つまりクリスチャンは、死ぬと、その霊はパラダイスに行きます。このパラダイスでは、主イエス・キリストと共にいるのですが、そこは天国とは違います。それは、中間状態であって、この世と永遠の中間状態です。中間状態というのは、ある意味では不安定な状態であって、人間の霊と体が分離し、霊だけの状態です。人間は、霊と体があがなわれて（それが体の復活です）、永遠に朽ちることのない霊的体が与えられ、その体と霊が再び結合します。そういうわけで、この中間状態は、天国とは違います。そのことは、ノンクリスチャンが死後すぐに行くハデス（よみ）と地獄とが違うのと、ちょうど同じです。厳密に言えば、この両者はそれぞれ区別されなければなりませんが、中間状態をも含めて、クリスチャンとノンクリスチャンが死ぬと、それぞれ天国、地獄へ行くという言い方をすることもあります。

死んだ人について、聖書はよく「眠る」という言葉を使っております。しかしこれは、決して霊や魂の眠りを意味しているのではありません。死ぬと意識がなくなり、復活する時まで眠っているというのではありません。このような霊の眠り、魂の眠りという教えは、エホバの証人（ものみの塔）の教義ですが、これは、聖書の誤った解釈から来ています。死んだ人を眠っていると表現しているのは、旧約聖書にもありますが、新約聖書によく出て来ます。たとえば、「『わたしの友ラザロは眠っています。ですから、わたしはラザロを起しに行こうと思っています。』……そこで、今度ははっきりと、こう言われた。『ラザロは死にました』」（ヨハネ一一・一一、一四）。また、死んだ会堂管理人ヤイロの娘について、主イエスは、「この子は死んだのではありません。眠っているだけです」（マタイ九・二四）と言っておられます。また、最初の殉教者ステパノが石で打たれて死んだ時、「こう言って、眠りについた」（使徒七・六〇　新改訳）と記されております。また、パウロは何回かこのような表現を使っています。「私はあなたがたに奥義を告げましょう。私たちはみなが眠ってしまうのではなく、みな変えられるのです」（コリント1、一五・五一　新改訳）。「眠っていた人々のことについては、兄弟たち、あなたがたに知らないでいてもらいたくありません。あなたがたが他の望みのない人々のように悲しみに沈むことのないためです。私たちはイエスが死んで復活されたことを信じています。それならば、神はまたそのように、イエスにあって眠った人々をイエスといっしょに連れて来られるはずです」（テサロニケ1、四・一三―一四　新改訳）。

このような表現は、典型的なユダヤ的表現です。このユダヤ的表現の中に込められている意味を正しく引き出すことが大切です。このような表現がなされるのは、人間の目から見ると、外見では、死んだ人は、「休んでいる」か、「眠っている」かのように見えるからで、その人の現実を描いているわけではありません。もちろん、その人の体は、復活の時まで眠っています。そして、復活の時に、霊的体として起き上るわけですが、霊や魂が眠っているわけではありません。もしも霊や魂が眠ってしまったのであるとしたら、死後、パラダイスにおける喜びも、ハデス（よみ）における苦しみもないはずではありませんか。人間は、死後も意識を持ち続けているのです。そのことが前提でなければ、「ラザロと金持」の話は成り立ちません。

そのことと関連して、死後、人間は絶滅してしまうのだという考え方にも言及しておく必要があるでしょう。エホバの証人（ものみの塔）の教えでは、最後の裁きの後、悔い改めなかった者たちは、絶滅してしまうのだと言っております。ここでは、最後の裁きを待たずに、死後、悔い改めなかった者たちは絶滅してしまうのだという教えを取り上げようと思います。絶滅とは、文字通り生存の停止ということです。最後の裁きの後であろうと、死後すぐであろうと、このように生存しなくなってしまうことが「裁き」であるのだとしたら、それはそれほど恐ろしいものではないでしょう。もっと恐ろしいのは、死んでもなお意識があって、苦しみ続けて行くことです。聖書がノンクリスチャンに対して下される裁きとしての苦しみやハデス（よみ）や地獄における苦しみを示しているということは、絶滅などとは全く違ったものです。

また、今日かなり一般的な思想として受け入れられているものは、人は死ねば、たとい信仰を持っていた人でも、そうでない人でも、皆ハデス（よみ）と呼ばれる中間的な場所へ行くのだというものです。そこは、別に報いが与えられる所でもなければ、刑罰が与えられる所でもなく、すべての人が共通の生活をし、共通の運命を味わう所だと言うのです。そこにおいては、人々はわずかな意識しかなく、極めて不活発な状態で、すべてはうっとうしく、生活の喜びは悲しみに変るのだと考えられています。しかしながら、このような考えは、聖書のどこからも出て来ません。人間の想像の産物にすぎません。

ここで、ちょっと臨死体験をした人々から教えられたことを取り上げておこうと思います。時々、意識がなくなってしまう人に出会うことがあります。臨死体験をした人々によると、私たちから見ていて、何を言っても応答がなく、意識がないと判断を下しますが、当人は十分意識を持っていて、ただそれを表現できなくなっているにすぎないのだそうです。臨死体験をした人々の話によると、真黒い所に吸い込まれるように入って行き、ちょうどみんながいる所のすぐ上の辺りにいて、そこで交わされている会話はすべて分るのだそうです。ただ分るだけでなく、それをすべて受け入れる心の状態なのだそうです。ですから、そこで遺産争いなどをしていたら、心は痛み、悲しい状態になると言うのです。臨死体験をした人の心の状態は、そこで語られることを素直に受け入れるそうですから、臨死体験をした一人の牧師は、私にこう語っておられます。「それ以来、私は、意識がなくなった人の所へ行っても、福音を語ります。応答がなくても、その人は、福音を受け入れたと確信し、病床洗礼を授けることにしております。」その牧師先生からその話を聞いてからは、私も、その先生と同様にしております。

一〇　死の問題の解決

私たち生きている者にとって、死の問題は、この地上における最大の問題です。この問題こそ、人間の力ではいかんともなし難いものです。私たち罪を持っている存在は、だれ一人として罪の呪いとしての死から外にいることはできません。しかしながら、私たちのように死の下にだけいるのではなく、一度は死なれましたが、その死に打ち勝って、復活されたお方イエス・キリストこそ、この問題の解決者でいらっしゃいます。このお方を信じる時、私たちもまた死の恐れに打ち勝ち、勝利者となることができます。

「キリストが再び来られ、世の終りのラッパが鳴ると、たちまち、すでに死んだクリスチャンたちが復活し、生き残っているクリスチャンたちは、栄光の体に変えられる。朽ちゆく肉体は、朽ちることのない新しい体に変えられる。この時『死は完全に敗北させられた』という旧約聖書のイザヤの預言が実現する。『死よ。お前の勝利はどこにあるのか。死よ。お前の力はどこへ行ったのか』というホセアの預言も実現する。死を来らせるものは罪であり、罪は律法によって明らかにされる。しかし、私たちの主イエス・キリストによって、私たちに勝利を与えてくださった神に、どんなに感謝したらよいだろうか。」（コリント1、一五・五二―五七）。主イエス・キリストの復活が、私たちの死の問題を解決してくれます。しかし、主イエス・キリストの十字架上の死もまた、この問題を解決してくれます。

「このように神の子供たちは皆、人間として肉体を持っているので、イエスもまた同じように肉体を取られた。それは、人間として死ぬことにより、死の力を持っている悪魔の力を滅ぼし、一生涯死の恐怖に取り付かれている人々を解放するためである」（ヘブル二・一四―一五）。

ここで教えられていることは、こういうことです。私たちは罪のために死ぬべき運命にありました。ですから、私たちは死の前に戦々恐々としておりました。ところが、神の御子主イエス・キリストが人間としてこの世に来られ、私の身代りに死んでくださり、死の力を持っている悪魔の力を打ち滅ぼし、死の恐怖に取り付かれている人々を解放してくださったということと、死後、復活し、死に対する勝利者となられただけでなく、もう一度この世に来られる時には、私たちを復活させてくださるということです。ですから、キリストの十字架と復活を信じる人に死の恐れはありません。死の問題をあざやかに解決してくださる主イエス・キリストが共にいてくださるからです。

洞爺丸事件というのがありました。今はもうない青函連絡船の洞爺丸が台風のためにひっくり返って沈没してしまったという事件です。実は、あの洞爺丸事件にまつわる一つのエピソードがあるのです。

台風が日本列島を縦断して、洞爺丸がそのために沈没しかかっていたころ、洞爺丸では、救命ボートが下ろされようとしておりました。救命ボートには、まず一等客船が乗り込めるということになっていて、それに乗り込んでおりました。すると、そこへ日本人の若い娘さんが二人急病人ということで連れて来られたのです。だれかが譲らない限り、救命ボートの人員には制限があって、この急病人の娘さんたちの乗り込む余地はありません。しかし、だれ一人として譲ろうという気配もなく、どんどん乗り込んでおりました。するとその時、二人の宣教師が一等客船の中にいて、彼らが譲ってあげると言い出しました。それでもなお泣いている娘さんに「どうしたの」と聞くと、自分の救命胴衣のひもが切れていると言うのです。そこで、この二人の宣教師はそれぞれ身に着けていた自分の救命胴衣を取って、その娘さんたちに上げてしまいました。そうしている間にも、座礁した洞爺丸は大きく傾き、水がどんどん入ってきました。救命ボートに乗り移った一等客船が皆助かったわけではありませんでしたが、幸いこの二人の娘さんたちは助かったのです。しかし、あの娘さんたちに、救命ボートへ乗り移るための優先権を譲ってしまった二人の宣教師は、千数百人のほかの乗客と共に、海の藻屑と消えてしまいました。この二人の娘さんたちは、救命ボートに乗り移る時、あの最後に言われた宣教師の言葉を忘れることができませんでした。「あなたがたは助かったら、すぐ教会へ行って救われてください。」彼女たちはまだ台風の収まっていない町を捜し回り、教会の門をたたき、救いに入ることができました。この二人の宣教師とは、カナダのリーパー宣教師とオーストラリヤのストーン宣教師です。彼らは、死の問題が解決していましたから、このようなことをすることができたのです。

「人がその友のために命を捨てるほど、大きな愛はありません。」(ヨハネ一五・一三)

死の問題が解決している人は、この大きな愛を実行することができるのです。

一一　死んだ人のための祈り

死の問題の解決のために必要なことは、ほぼ述べてきました。これからは、死の問題に悩んでいる人のためと言うよりも、その周辺のことについて知りたい人のための事柄を取り上げたいと思います。

人間が死ぬと、パラダイスかハデス（よみ）かのどちらかに行くと言いましたが、それはまた神の権限の中へ行ってしまうのだと言ってもよいでしょう。もちろん、生死を通じて、人間は神の御手の中にあるのですが、それでも、人が生きている間は、私たちがその人のために祈ることもできます。しかし、ひとたび死ぬと、その人は神の権限の中に入れられてしまい、私たちはその人の状況を変えることはできないのです。

この世の一般の人は、親兄弟が生きている時には、とくに親切にしているわけではないのに、ひとたび死んでしまうと、途端に掌を返したように親切にし、その人の状態がよくなることを願い、仏教であれば、その人が成仏するようにおがんだりします。あたかも、その人が生きていた時に、してあげなかった分の埋め合せをしているかのようです。

ところで、キリスト教とは言いながらも、ローマ・カトリック教会では、死んだ人のために祈るということをします。これは、彼らが持っている煉獄という教義と関係があります。しかし、こうした教えは、言うまでもなく、聖書に裏付けられているものではありませんし、それどころか、むしろ聖書の教えている真理に反するものでさえあるのです。もちろん、人情ということからすれば、その人が死んでしまってからであるにせよ、その人が良かれと願うことは自然のことでしょうが、神の権限の中に入れられてしまう前にしなかったことの埋め合せに、このようなことをすることは、怠慢の罪であるだけでなく、神の権限を犯す罪でもあるわけです。

死んだ人のために祈るという考え方は、死んだ人の死後の状態がまだ未定であるという考え方と、私たちの願いによって、その状態を変えることができるという考え方がそこにあることを意味しております。しかしながら、人間は死んでから後にその人の性格や状態が変るものではなく、死んだ時のその人の状態が、そのまま永遠に続いて行くのです。私たちが救われるチャンスは、この世の中だけであるというのが聖書の教えです。あの金持とラザロの譬話には、そのことがはっきりと示されております。ですから、この救いのチャンスが提供されているこの世の生活が終ってしまえば、後は永遠の報いと刑罰が待っているだけなのです。

キリストを信じ、罪赦された人々は、だれでも皆、死ねば、直ちにパラダイスに行って、体の復活を待っていて、体が復活し、霊的体が与えられると、天国に入れられ、神の祝福のうちに入るのです。その人々が天国に入ることができるのは、ただキリストの十字架のあがないによるのであって、私たちの何らかの業が必要とされているのではありません。

それに対して、キリストを信じないで死んで行った人たちは、生れながらに持っている自分の罪のために、すぐにハデス（よみ）の苦しみに入れられ、やがて体の復活を待って、地獄に入れられてしまいます。そこでは、永遠に神の呪いの下にあります。このように、死後の人間の状態は、生前のその人のあり方によって決定してしまうのであって、死んでから後、生きている者たちの願いなどによって変えることのできるようなものではありません。

ですから、私たちは、人が生きている間に、その人の救いのために祈り、愛の業をすべきであって、それをしなかった埋め合せに、死んでから、その人のため祈るようなことは、全く無駄であるということを知らなければなりません。そこで、私たちは、今の恵みの日、救いの時を無駄にしてはならないのです。後に残された身内の者や親しい友人たちが、死んだ人のことを心配するのは、当然のことでしょうが、彼らの死後の状態を決定するのは、神の権限です。神の恵みによって自分の価値よりもはるかに多くの報いが与えられる人がいるのと同時に、だれ一人として不当に多くの罰を受けるということはないのだということを知る必要があるでしょう。

聖書の中には、多くの祈りが教えられており、また記されております。ほかの人のために祈るとりなしの祈りについての勧めは沢山ありますし、自分に敵対する人に対する祈りの勧めすらあるのに、死んだ人のために祈ることについては、どこにも教えられておりません。それは、何の役にも立たないからです。

一二　煉獄

死んだ人のために祈るということは、キリスト教会においては、ローマ・カトリック教会だけがしていることで、聖書にその根拠はありません。それでは、ローマ・カトリック教会は、どうしてこのようなことを認め、また教えるのかと言いますと、それは煉獄という、これまたローマ・カトリック教会独自の教義のためなのです。こうした教義が中世のローマ・カトリック教会に生れて来たことについては、理由がないわけではありません。中世のヨーロッパ世界では、宗教と言えば、その大半がローマ・カトリック教会だったのです。ですから、中世のヨーロッパ人は、ほとんど一人残らず洗礼を受けている教会員であって、今日のわが国で一般的に見られるように、ノンクリスチャンの家庭の中から自分の意思で信仰を告白し、教会員になるというわけではありませんでした。そのため、確かに立派な信仰者がいる反面、教会員でありながら、どうやら首をかしげないわけにはいかないような人間もいたわけです。そういうことになってきますと、いくら教会員とは言っても、死んだらすぐ皆天国へ行けるというのでは、どうにも納得できないのは自然のことでしょう。そこで、以前から、そういう考え方を持っている人はいたのですが、公には認められていなかった煉獄という考えを、紀元600年ごろのローマ教皇であったグレゴリウスによって、公に教会の教義として取り入れるようになったのです。しかし、煉獄というような考え方は、全く異教的な由来しか持っておりません。古代のインドやペルシャの間にあった火による清めという思想や、エジプト人、後には、ギリシャ人やローマ人の間にあった考え方であって、プラトンによっても取り上げられ、彼の哲学の中にも入って来ております。彼は、完全な幸福とは、だれでも自分の罪を償うまでは実現せず、もしもその罪が余りにも大きいなら、その人の苦しみは終らないだろうと説いています。ギリシャのアレクサンドロス大王の征服がなされて、イスラエルを含めた西アジアのすべての国に、ギリシャの影響が及び、それは、旧約外典マカバイ記2の中にも表れております。ですから、ローマ・カトリック教会は、この異教的な影響を持った旧約外典のマカバイ記2を煉獄の教義の拠り所としているのです。

さて、それでは、煉獄とは、どのような所で、どのような人が行くのでしょうか。これは、ローマ・カトリック教会の教えですから、彼らがどう説明しているかを見てみることにしましょう。ローマ・カトリック教会では、すべてのクリスチャンは、死ぬとすぐパラダイスに行くとは教えません。特別にローマ・カトリック教会のために功績のあった人々（これを彼らは「聖人」と呼びますが、聖書の中に出て来る「聖徒」と言語は同じなのですが、その意味しているところは全く違います）を除き、普通一般のクリスチャンは、皆煉獄という場所へ行かなければなりません。そこにおいて、刑罰と清めのための苦しみを受け、清められて、天国へ行ってもよいようになると、初めて天国に行けるのだと言うのです。聖人というのは、ローマ・カトリック教会の信仰のために殉教した人々とか、ローマ・カトリック教会のために特別に功績のあった人々だけで、そういう人々を聖人として認められるためにも、ローマ・カトリック教会では、条件を作っております。つまり、その条件にかなない、聖人と認められていない人は、たとい信仰を持って死んだ人であっても、すぐに天国へ行くことはできません。それでは、ノンクリスチャンはどうかと言うと、もちろんすぐ地獄へ行ってしまうわけです。つまり、煉獄というのは、まだ功徳の足りないクリスチャンのためにあるわけです。

ローマ・カトリック教会では、洗礼がすべての罪、つまり原罪も行為罪も共に取り除くのだと教えますから、普通一般のクリスチャンでも、洗礼を受けてすぐに死ねば、その人は天国へ行くことになります。しかし、そのような人は、死の床で洗礼を受けた人ぐらいで、大部分の人は洗礼を受けてから後で犯した罪のために、煉獄へ行かなければならないわけです。もちろん、この洗礼というのは、ローマ・カトリック教会で受けた洗礼のみを指していることは、言うまでもありません。

「煉獄」とは、purgatory で、これは「清める（purge）所」という意味で、ここで、洗礼後に犯した罪を清めるのだと教えております。煉獄の苦しみは、地獄の苦しみと同じであって、ただその長さが違うだけだ、と教えています。そしてその長さは、その人の罪や、不純さや、頑迷さなどによって異なるわけですが、その人々の苦しみを短縮できる方法があるとも教えています。この煉獄は、ローマ教皇の特別な支配下にあって、贖宥というローマ・カトリック教会の教義により、ローマ教皇は、地上におけるキリストの代理人としての権限を持って、その期間を短縮したり、苦しみを緩和したりできると言うのです。そして実際には、ローマ教皇からその権限を委託されている現場の司祭たちによって、それが行なわれていると言うのです。

それから、煉獄における苦しみを緩和したり、その期間を短縮したりすることができるのは、そこにどういうからくりがあるのかと言いますと、それが「贖宥」という教義なのです。言うまでもなく、これはローマ・カトリック教会独特の教えであって、聖書には、その片鱗さえも見出すことはできません。それどころか、全く非聖書的な教えであると言うことができます。

それでは、「贖宥」の教義とは、どのようなものでしょうか。先にも言いましたように、中世のヨーロッパでは、猫も杓子もおよそ普通の人間であれば、生れるとすぐに小児洗礼を受け、教会員となります。形式的には、親の信仰告白という形式を踏みますが、こうした仕来りは、やがて信仰を持っていないのに教会員であるという人たちを生み出していきました。そのため、教会員だからと言っても、死ねばすぐ天国へ行けるというのでは、どうにも納得いたしかねるという状態が起って来たのです。一方、立派な教会員もおり、殉教をも辞さない人が出て来ますと、どうしてもこれらの人々を、なんらかの方法で区別する必要が生じてきたわけです。

そこで、中世のローマ・カトリック教会では、聖書の教えている「聖徒」とは全く別個に、「聖人」と呼ぶ人を作り、ある条件にかなった人々を、「聖人」としたのです。この人々は功徳があり余っていて、死ぬとすぐ天国へ行けるだけでなく、さらに余っていると考えました。しかし、普通一般のクリスチャンは功徳が足りず、煉獄で、苦しみの中で清められる必要がありました。そこで、このあり余っている聖人の功徳を付け加えてもらえば、その人は天国へ行くに足りるだけの功徳が満たされると考えました。どのようにしたら、これらの操作がなされうるのかと言いますと、それがミサなのであり、死んだ人のためのミサ聖祭（聖体）を行なうことによって、その人は功徳が十分になって、天国へ行けるようになるというのが、ローマ・カトリック教会の「贖宥」の教義なのです。

ところが、聖書がはっきり教えていることは、功徳があり余っているのはキリストだけであって、いかなる人間も、キリストの十字架上のあがないによってのみ罪が清められ、天国へ行くことができるのです。また、煉獄という場所の存在については、聖書は何一つ述べておりません。

アウグスティヌスは、聖書の中で主イエスが語っておられる言葉を拠り所として、煉獄の存在を主張しておりますが、それは聖書の曲解と言ってもよいでしょう。それは、次の御言葉です。「聖霊に逆らうことを言う者は、だれであっても、この世であろうと未来の世であろうと、赦されません」(マタイ一二・三二新改訳)。「この世であろうと未来の世であろうと、赦されません」と主イエスが言われたのは、絶対に赦されることがないということの強調的な表現法です。もしも「未来の世で赦される」ことがありうるのだというように解釈しようとするならば、主イエスが言われたことの意味を理解していないだけでなく、それは由々しいことになってしまいます。そんなに重要なことを、聖書はどうしてほかの箇所ではっきり言っていないのか、理解に苦しむことになってしまいます。

そのため、ローマ・カトリック教会の教理問答書である「カトリックの要理」では、煉獄を裏付ける箇所として、旧約外典のマカバイ記2、一二章四三節参照とされていて、聖書の裏付けはありません。その前後を含め、一二章三九―四五節を新共同訳に載せられているところから引用してみます。「翌日ユダとその兵士たちは、いつまでも放置しておけないので、戦死者たちのなきがらを持ち帰り、墓に葬って先祖の列に加えるために出発した。ところが、それぞれの死者の下着の下に、律法によってユダヤ人が触れてはならないとされているヤムニアの偶像の守り札が見つかり、この人々の戦死の理由はこのためであるということがだれの目にも明らかになった。一同は、隠れたことが明らかにされる正しい裁き主の御業をたたえながら、この罪の跡形もなくぬぐい去られることを、ひたすら祈願した。高潔なユダは、これらの戦死者たちの罪の結果を目撃したのであるから、この上はだれも罪を犯してはならないと一同を鼓舞した。次いで、各人から金を集め、その額、銀二千ドラクメを贖罪の献げ物のためにエルサレムへ送った。それは死者の復活に思いをめぐらす彼の、実に立派で高尚な行いであった。もし彼が、戦死者の復活することを期待していなかったなら、死者のために祈るということは、余計なことであり、愚かしい行為であったろう。だが彼は、敬虔な心を抱いて眠りについた人々のために備えられているすばらしい恵みに目を留めていた。その思いはまことに宗教的、かつ敬虔なものであった。そういうわけで、彼は死者が罪から解かれるよう彼らのために贖いのいけにえを献げたのである。」

このどこにも煉獄についての暗示すら見当りません。それだけでなく、ローマ・カトリック教会も認めない偶像礼拝という罪で死んだ戦死者たちも救われるのだと教えているのです。

聖書がはっきり教えているように、私たちの罪は煉獄の火などによって清められるのではなく、主イエスの流された血のみが清めてくださるのです（ヨハネ1、一・七）。

一三　福音を聞かずに死んだ人

「福音を聞かないで死んで行った人は、天国へ行くことができるのか、それとも地獄へ行ってしまうのか」という疑問は、いつの時代でも、多くの人たちから聞かれる疑問です。このような質問をする人は、日本に福音が宣べ伝えられる前に死んだ人の運命を気にしている場合もあれば、死んでしまった自分の肉親のだれかの運命を気にしている場合もあるでしょう。いずれにしても、このような考え方をしている人たちに共通の考え方、ないしは考え方の前提というものがあるのです。それは、「福音を聞いて、それを退けた人が地獄へ行くのは分っている。しかし、福音を聞かなかったのだとしたら、これを受け入れるか退けるかは分らないのだから、地獄へ行ったと速断するわけにはいかないのではないか」という考え方です。そして、こうした考え方に、自分との血のつながりを持った人というような条件が加わって来ますと、もう理屈だけでは行かない問題になってしまいかねないのです。

しかし、ここでよく考えてみなければならないことは、人が天国へ行くか、それとも地獄へ行くかを決定するものは、はたして福音を聞いたかどうかということなのでしょうか。また、私たちが地獄へ行くには、福音を聞いてこれを退けるという行動を取ることが必要なのでしょうか。聖書の教えによりますと、私たちが地獄へ行き、そこで裁かれるのは、私たちが罪人であるからだと言うのです。福音に接したかどうかということとは、全然関係がありません。生れながらにして持っている私たち自身の罪のために、私たちはだれでも皆、地獄へ行かなければならないのです。

それでは逆に、私たちが天国に行けるのは、どういうことによるのでしょうか。それは、私たちの功績によるのではなく、神の恵みにより、イエス・キリストが十字架上で成し遂げてくださったあがないの御業を私のためとして受け入れるなら、当然、地獄へ行って裁かれなければならない運命にある罪人が救われ、天国へ入れていただくことができるのです。つまり、私たちが福音を聞いて、それを受け入れることができたのは、神の恵みであって、決して私たちがそれをした行為なのではありません。そうであるとすれば、福音を聞いて、それを積極的に退けるという行為をしたかどうかということが、地獄へ行くかどうかを決定するのではないことが分ります。私たちが地獄へ行くのは、生れながら罪人だからなのであり、私たちが天国へ行けるのは、神の恵みの救いに入れていただいたからにほかなりません。

このような考え方が、聖書の言わんとしているところです。このような聖書の主張に、どうして私たちは素直になれないのかと言いますと、そこに日本人独特なものの考え方、心性というものがあるからです。自分の肉親とか、先祖とか、そういう自分と血のつながりを持った人に対する人情という点から、冷静な論理が、どうしても崩れてしまいやすいのです。ですから、私たち日本人は、聖書の教えに対して、自分の感情や人情を離れて、従わなければならないことをよく知る必要があります。それが、聖書を神の言葉と信じる者たちの態度でなければなりません。

福音を聞いたか、聞かないかが問題なのではなく、どんな人でも皆生れながらにして罪人なのですから、地獄へ行かなければならず、その地獄へ行く運命が当然であるにもかかわらず、神はイエス・キリストの福音によって、私たちを救ってくださったのです。ですから、私たちが救われ、天国へ行くことができるのは、全く神の恵み以外の何ものでもありません。

このような聖書の論理の筋を通しても、まだ十分に納得しかねている人がいるとすれば、それは、先ほども言いましたように、日本人の心性によるものであるかもしれません。それとももう一つ、聖書がどういうものであるかということが、よく分っていないことにもよるのではないかと思います。聖書は、ただ一般的な真理を述べたり、ほかの人のことについて、「あの人はどうの、この人はどうの」と、言っている書物ではなく、読む人に決断を迫って来る書物なのです。聖書を読む人が、それに従うなら、祝福と救いを約束する書物であり、それに従わないなら、呪いと滅びを与える書物なのです。ですから、聖書を、私たちはそのように用いなければなりません。パリサイ派の人たちは、これを、他の人たちを裁くために使ったりしておりますが、（ヨハネ八・五などを参照）、これは、聖書のはなはだしい乱用であると言わなければなりません。

そういうわけで、聖書には、福音を聞かずに死んだ人の運命などについては、全く記されていません。そのことに興味を持つのは、罪人の性格から来るのでしょうが、そんなことは、知る必要がないからです。神の御前に立って、なおほかの人のことが気になるのだとしたら、それは、本当に神の御前に立っているとは言いがたいでしょう。主イエスが、祈るために神殿に行ったパリサイ派の人と取税人のことについて語られた時、あのパリサイ派の人は、神の御前に来ながらも、なお取税人と自分とを比較していました。彼は神の御前になど来てはいないのです。ですから、パリサイ派の人よりも取税人の方が、神に義とされ、受け入れられたのだと主イエスは言っておられます（ルカ一八・九―一四）。

神の御前に本当に立ちながら、ほかの人と自分とを比較していられるほど余裕のある人はいないはずです。私たちが本当に神の御前に立とうとするなら、その神の御言葉に従うことで精一杯のはずではないでしょうか。それなのに、「福音を聞かないで死んで行ったあの人の運命はどうなのでしょうか」などと考えていられるのだとしたら、神の御言葉を読んでいるのではないでしょう。小説か、人間が書いた本として読んでいるにしかすぎません。

もちろん、死んだあの愛する肉親が、今どこにいるのかということは、肉親を失った人なら、だれでも大きな関心事だろうと思います。しかし、思い煩ったからと言って、どうなるわけでもありません。一生懸命に何かをすれば、地獄にいる人が天国へ行けるとでも言うのなら、話はまた別ですが。

そのことについては、私たちの生も死も支配しておられる主イエスが、「ラザロと金持」の譬話の中で、語っておられます（ルカ一六・一九—三一）。死んだ人は、すぐ天国や地獄へ行くのではありません。そのことについては、「九　人は死んだらどうなるのか—中間状態」という項目の所で説明しましたが、救い主イエス・キリストを信じていたクリスチャンは、死後すぐパラダイスに行き、そこで体の復活を待ち、体の復活があると、天国へ入れられます。信じていなかったノンクリスチャンは、死後すぐハデス（よみ）に行き、そこで体の復活を待ち、体の復活があると、地獄へ入れられてしまいます。

福音を聞かずに死んでいった肉親を持っている人は、よくこんなことを言うことがあります。「自分一人が救われて、天国へ行くよりも、あの愛する人たちと一緒に地獄へ行った方がよい。」

このように言う人の気持はよく分ります。しかし、このように言う人は、地獄の恐ろしさが全く分っていないからそのように言うのだということは分りますが、愛する人と地獄で一緒にいられるのだと、勝手に決め込んでおります。そういう人たちに対して、あの「ラザロと金持」の譬話は、大きな示唆を与えてくれます。ラザロも金持も死にますが、ラザロは信仰を持っていましたのでパラダイスに行き、そこでアブラハムと一緒にいることができます。しかし金持は、信仰を持っていませんでしたのでハデス（よみ）に行き、そこで苦しむのです。その金持は、自分の兄弟たちがその苦しいハデスに来ないようにと願い、ラザロに父の家に行ってもらうようにと頼みます。しかし、主イエスは、アブラハムにこう言わせています。「もし聖書の教えに耳を傾けないなら、たとい死人の中から生き返る者がいたとしても、彼らは決して聴き入れなどしません」（ルカ一六・三一）。私たちには、聖書が与えられており、ですから、それを読み、それに聴き従わないのであれば、ほかに救いの道はないのです。しかもここで、ハデス（よみ）の苦しみの中で、愛する兄弟たちがこの苦しいハデス（よみ）に来ないように願っているということは、もしも私たちの愛する肉親が、今同じくハデス（よみ）にいるのだとしたら、きっと同じように言うに違いありません。その意志を踏みにじっても、ハデス（よみ）に行くことの方がよいのでしょうか。その人たちは、あの金持のように、私たちが悔い改めて、パラダイスに行くことを願っているに相違ありません。

　確かに、救われるためには、福音を聞かなければなりません。ですから、福音が伝えられていなかった時代の人たちは、余りにも気の毒に思えます。けれども、神が聖書をお与えになったということは、ちょうど法律が公布されたようなものです。ひとたび法律が公布されると、その法律によって、違反者は裁かれます。だれ一人として、「私はこのような法律があったことは知りませんでした」と言って言訳をすることは許されません。法律の無知は、言訳にはならないからです。それと同じように、神が聖書をお与えになった以上、すべての人は、「それを知りませんでした」と言うことはできません。すべての人は、その神の御言葉によって裁かれるのです。それでは、福音を聞かずに死んだ人に対する責任は、だれが負わなければならないのでしょうか。そのことについて、実に厳しい御言葉がありますので、それを記しておきましょう。

「わたしはあなたをイスラエルの民に警告を与える者として立てた。あなたは、わたしの言葉を聴いたなら、わたしに代って彼らに警告を与えなさい。わたしが罪を犯した者に、『あなたは必ず死ぬ』と言っても、あなたが彼に警告を与えず、罪を犯した者にその道から離れて、救われるようにと語らないなら、その罪を犯した者は、自分の罪のために死ぬ。しかし、わたしは彼の死の責任をあなたにも問う」（エゼキエル三・一七―一八）。

この御言葉は、エゼキエルの預言三章の所だけにではなく、三三章の所にも記されています。この傍点は私が付けたものですが、この傍点を付けた所に注目してください。罪を犯した人が死ぬのは、自分の罪のためだと、はっきり言われております。それにもかかわらず、「しかし、わたしは彼の死の責任をあなたにも問う」と主は言っておられます。「あなた」とは、一体だれのことでしょうか。それは、主からその罪を犯した人のために御言葉を語るように言われた人です。しかも、その人は御言葉を語って、その罪人が救われるために何かをしたのならともかく、御言葉を語らなかったために、その罪を犯した人の死に関しては責任があると言うのです。

このことを、もう少し分りやすく言いかえてみますと、このようになると思います。いつの時代であっても、罪を犯す人はおります。その罪を犯している人に対して、私たちクリスチャンは福音を語る責任があります。ところで、この神から与えられている責任を、クリスチャンが果さなかったとしたら、どういうことになるでしょうか。福音を聞かずに死んで行く人がどんどん出て来るでしょう。その人たちが地獄へ行って裁かれるのは、その人自身の罪のせいです。それは、決して福音を聞かなかったから信じるチャンスがなかったなどという言訳のできることではありません。しかし、その人が救われるためには、確かに福音を信じなければなりません。そして、福音を宣べ伝えるのは、ほかでもなく、福音を知っている人、つまりクリスチャンであるはずです。その罪を犯した人が地獄へ行って、裁かれなければならないのは、その人自身が持っている罪のためであって、ほかのだれかのせいではありません。しかし、その人が滅びるようになった間接的責任は、福音を宣べ伝えなかった人にあるのです。そこで主は、その滅んで行った人の死の責任を要求すると仰せられるわけです。ですから、私たちは福音を宣べ伝えなければなりません。福音を宣べ伝えなければ、間接的な殺人を行なっていることになるのです。

福音が宣べ伝えられる前の日本人が福音を知らずに滅んで行った間接的責任は、当時生きていたクリスチャンたちにあります。それと同じことは、現代の私たちにも当てはまります。私たちは、今日生きている世界中の人たちに対して、福音を宣べ伝える責任が負わされています。しかし、一人の人が国内、国外のすべての人に福音を宣べ伝えるということは、実際上不可能です。ですから、ある人々は宣教師として国外に出て行き、また別の人々は国内に留まって、福音を宣べ伝えます。国外へ出て行くにせよ、国内に留まるにせよ、自分に与えられている力によって、福音宣教にベストを尽した人だけが滅んだ罪人の責任から免れるのです。

一四　死後も救いの機会はあるのか

自分の愛する人が、キリストの救いを受け入れるに十分な機会がなくて死んで行った場合、死後、救いの機会があってほしいと願うのは、自然の情から出ていることで、十分理解することができます。そしてそのような場合、キリストの福音を聴きながら、それをあからさまに拒絶した場合と、そうでない場合を区別して考えようとします。この問題は、前に取り上げた「福音を聞かずに死んだ人」の所で説明しましたので、ここでは、死んでから後の世界においても、救いの機会があるのかどうかという問題を取り上げようと思います。

こうした問題について考える場合でも、私たちは神の御言葉である聖書がどのように教えているかということが最終的な基準であることを、覚えなければなりません。人間はだれでも、自分を中心にした考え方をしやすいので、そこに何らかの利害関係がからまって来ると、正しくものを考えることができなくなってしまいます。そこで、こうした問題についても、感情などを交えずに、神の御言葉がどのように教えているのかということに耳を傾けなければなりません。

聖書がどのように教えているかということについて見て行く前に、キリスト教界では、どのような考え方を採って来たのかということについて触れておきますと、正統的なキリスト教会は、死後、救いの機会はないという見解を採って来ました。エホバの証人（ものみの塔）のような異端や、聖書の超自然性を否定し、人間の情に流れようとする自由主義の人たちは、死後も救いの機会はあると主張しています。つまり、聖書の教えに忠実であろうとする人々は、死後救いの機会はないと主張するのに対して、聖書の教えよりも人間の考えを重視する人たちは、死後も救いの機会はあると主張していることが分ります。そして中には、死後の試練の期間を通して、すべての人は救われるのだという万人救済主義（普遍救済主義）を説く人たちさえいる有様です。

それでは、聖書はどのように教えているのかを見ていこうと思います。死後のことについて決定的とも言うべき箇所は、主イエスによって語られた「ラザロと金持」の譬話です。これは、すでに何度も引き合いに出して来ましたから、よく覚えておられると思います。ルカによる福音書一六章一九—三一節の所に記されています。ここでは、死後、人間は生前の生き方によって、二つの異なった場へ行ってしまい、この両者は死によって決定してしまうのだということが教えられております。この譬話の中で、アブラハムが言っている言葉は重要ですから、引用しておきましょう。「私たちとあなたがたの間には、越えがたい淵があって、だれもそこを渡ることはできません。」ここで、「私たち」と言っている人々のいる所は、ラザロが死後行った「天のすばらしい所」であり、「アブラハムと一緒にいる」所です。そしてそこは、キリストと共にいるパラダイスのことです。それに対して「あなたがた」と言われている人たちのいる所は、金持が死後行った「ハデス（よみ）」であり、そこは、「苦しみ」しかないのです。

また主イエスは、心の頑な人たちを戒めて、こう言っておられます。「ですから、神の子であるわたしを信じ、悔い改めなければ、罪のために滅んでしまいます」（ヨハネ八・二四）。また主イエスは、ほかの箇所において、この世において与えられた信じる機会を退けるなら、「彼らは、そこで泣き叫んだり、歯ぎしりしたりするでしょうが、それでは、もう遅いのです」と、はっきり言っておられます。これは、「毒麦」の譬話においても（マタイ一三・四二）、「婚宴に招かれたのにそれをなおざりにした人たち」の譬話においても（マタイ二二・一三）、「不忠実なしもべ」の譬話においてもそうです（マタイ二四・五一）。主イエスがこのように譬話を使って、この世において与えられた機会を退けた者たちの惨めな状態を示しておられることは、主イエスがそのことをどんなに深く印象付けようとしておられるかということを示しております。そしてまた、主は人間が救いと永遠の滅びとを明確に区別したがらない傾向を持っているということを、よくご存知であるということも示しているでしょう。

また聖書は、死を決定的な時として教えております。たとえば、「人間は、だれでも一度は死に、死後裁きを受けなければならないことが決っている」（ヘブル九・二七）と言われているのは、罪を持った人間が、そのまま死ねば、必ず裁かれることを教えております。また、次のようにも教えられています。「だれでもやがてキリストの裁きの座の前に立って、地上生活の間、思いと言葉と行ないにおいて何をしたか、正確に評価され、それぞれ報いを受けなければならないのである」（コリント2、五・一〇）。また、私たちが生きているこの時こそ、神の救いを信じるべき時なのであり、キリストが十字架上で死なれて、私たちのためにあがないを成し遂げてくださった以上、今こそ恵みの時、救いの日なのです（コリント2、六・二）。

このように見て来て、言えることは、聖書は死後も救いの機会があるということについて教えてはおりません。ところが、聖書には死後も救いの機会があると教えている箇所があると言って、その箇所を引っ張って来る人たちがおりますが、極めてあいまいなもので、こういう重要な問題に関しては、決定的な聖書の箇所がなければ、論証することはできません。聖書がそれほどはっきり言っているわけでもない箇所を拠り所として、死後も救いの機会があると主張することは、その人たちの個人的な見解ではあっても、すべての人を説得するには不十分な論理でしかありません。

聖書が一貫して教えていることは、人間は死ぬ時にあったままの状態で、永遠に存在し続けるということです。人間は、一度死によって、この世の境界線を越えるなら、もう後へは戻ることはできませんし、呼び戻されることもありません。大きな越えることのできない淵が、正しい人（信仰によって義とされたクリスチャン）と、悪人（信じないために自分の罪をそのまま負っているノンクリスチャン）とを隔絶し、この二つの状態以外にはありえないのです。

それでは、死後も救いの機会があると主張する人たちは、何を拠り所として、そのように主張するのでしょうか。その多くは、人間の自然の情ですが、ある人たちはこのように考えます。キリストとその福音を、意識的に拒絶することだけが、人間が有罪になるにふさわしい条件なのだと言うのです。もちろん、それは大きな罪であることに相違ありません。しかしながら、神に対することさらの反抗だけが、唯一の罪であると言えるでしょうか。私たちが罪人であるのは、神に対して意識的に反抗することだけでなく、生れながらにして、アダムにおける人類の堕罪を持っているからです。つまり、原罪を持った存在として、私たちは有罪なのであり、その結果、神に反抗するのです。このことは、「一三　福音を聞かずに死んだ人」の所でも述べましたように、私たちが神によって裁かれるのは、生れながら持っている罪のためであって、キリストとその福音を退けたかどうかにあるのではありません。

死後も、救いの機会があると主張する人たちが、よく拠り所として引用する聖書の箇所も、聖書全体の中で正しく釈義しなければならないわけで、聖書のほかの箇所と矛盾するようなやり方で、ここだけを、自分勝手に解釈することは許されません。いつでも異端というものは、聖書全体の中で一つの聖句を解釈するのではなく、それを前後関係から孤立させ、自分勝手に解釈するところから起っております。この箇所を新改訳によって引用してみますと、次のようになります。「キリストも一度罪のために死なれました。正しい方が悪い人々の身代わりとなったのです。それは、肉においては死に渡され、霊においては生かされて、私たちを神のみもとに導くためでした。その霊において、キリストは捕われの霊たちのところに行ってみことばを宣べられたのです。昔、ノアの時代に、箱舟が造られていた間、神が忍耐して待っておられたときに、従わなかった霊たちのことです。わずか八人の人々が、この箱舟の中で、水を通って救われたのです」(ペテロ1、三・一八―二〇)。

この箇所で一番難しいのは、「その霊において、キリストは捕われの霊たちのところに行ってみことばを宣べられた」という表現です。キリストが彼らの所へ行って御言葉を述べ伝えられたのはいつのことなのかという問題です。彼らは、キリストが死から復活されるまでの間に下界へ下られ、キリストの十字架以前に死んだ人々の霊に宣べ伝えられ、あがないの御業によって、彼らに救いを与えられたのだと主張します。この重要な事柄をこの一聖句から引き出して来て、聖書のほかの箇所のどこにもない新しい教えを作り出すことは危険です。このような教えは、聖書の中には全く見当らないからです。

それでは、この箇所を正しく解釈することは不可能なのでしょうか。いいえ、決してそうではありません。私たちは、主イエスの地上生活を通して、主イエスが父である神の御心に対して従順に従われたその従順さが、御霊の導きとその働きによってなされたことに留意したいと思います。御霊は、主イエスのご降誕に先立って、処女マリヤに臨みました（ルカ一・三五）。また御霊は、主イエスがバプテスマを受けられて後、主イエスは御霊によって荒野に導かれ、そこに四十日四十夜おられました（マタイ四・一）。地上の全生活を通して、主イエスは父である神の御心に従順であられ、その従順は、御霊の導きとその働きとその油注ぎによってなされました。ペテロの手紙1、三章一八節は、主イエスが十字架に付けられて後、「霊においては生かされた」と言っています。これは、御霊を意味するものでしょう。一九節によれば「キリストは捕われの霊たちのところに行ってみことばを宣べられた」のは、やはりこの同じ御霊においてであることが分ります。それでは、主イエス・キリストの御霊が、それらの霊どもに宣べ伝えられたのは、いつのことなのでしょうか。二〇節には、こう書かれています。「昔、ノアの時代に、箱舟が造られていた間、神が忍耐して待っておられたとき……。わずか八人の人々が、この箱舟の中で、水を通って救われたのです。」言葉を替えて言えば、ノアによって、彼の時代の人々に語り掛けたのは、主イエス・キリストの御霊であったのです。ペテロが言及している「宣べ伝え」は、ずっと昔のことなのです。

この宣べ伝えは、箱舟が造られていた時になされたものです。しかしながら悲しむべきことに、その宣べ伝えに反応した人々は、わずか八人にすぎなかったというのです。つまり、この八人が、そしてこの人々だけが水を通って救われたのです。主イエス・キリストがノアによって語られた時、キリストの御霊のあかしを拒んだ人たちは、ペテロがこの手紙を書いていた時には、「捕われの霊たちのところ」と呼ばれているように、罪の牢獄、つまり「ハデス（よみ）」にいたと言うのです。そして彼らは、今なおそこに閉じ込められているのです。ですから、この箇所は、死後も救いの機会があるということとは何の関係もありません。

むしろ、ここの箇所は、このように理解するのが、聖書全体からして正しいと思います。「キリストは、今地獄にいる人たちに、昔ノアの宣教によって御言葉を語られた。その人たちというのは、昔ノアが箱舟を造っている時、いくらノアが宣べ伝えても、それに聴こうとしなかった人たちである。その時、箱舟に乗り込んで救われたのは、八人だけであった。」

ここで、このことと直接関係はないのですが、幼いうちに死んだ者たちはどうなのかということについて、ちょっと触れておきましょう。このようなことを考える場合、聖書とはどのような書物であるのかということを、はっきりと知ることが大切です。前にもそのことについて触れたことがありましたが、聖書は、読む人に信じるかどうかの決断を迫っている書物なのです。ですから、このような人はどうなるのかといったような一般的な書き方はしておりません。そういうわけで、聖書は、それを読んで決断を下すことのできる成人した人のことしか記しておりません。そこで私たちは、幼子はどうなのかという問題については、聖書は直接述べておりませんから、推測する以外にはないわけです。そこで、プロテスタント教会が一般的に受け入れて来た考え方というものは、幼くて死んだ者たちはすべて救われるということです。

それでは、どういうところから、このような推測による結論を導き出して来るのかと言いますと、子供には罪がないから救われると言うのではありません。すべての人は、生れながらにして罪を持っております。しかしながら、まだ自分の意志で福音を聴いたり、受け入れたりする能力を持っていないうちに死ぬ者は、神が何らかの特別な方法で、キリストのあがないを適用して、彼らを救ってくださるにちがいないと考えます。神のご性格からして、そのことは導き出されて来る推論です。それは、神が公平な方であるとか、正しく、また愛であるということから出て来る推論です。そしてこれは、あくまでも推論であって、聖書が明確に述べていることではありません。けれども、聖書に近い考え方であることは事実です。

しかしながら、このことと、福音を聞かずに死んだ成人の問題とを混同しないようにしなければならないでしょう。福音を聞かずに死んだという場合の、福音を聞いたか聞かなかったかという成人と幼児の相違とは、まったく質の違うことなのです。聖書が成人に対して語られているということが分るなら、当然うなずけることだと思います。

一五　死んだ人と交わることはできるのか

死別した愛する者たちと交わりたいという願いは、人間としてごく自然のことだと思います。今まで自分の近くで生活し、お互いに言葉を交わし、交わっていた間柄であれば、それは自然の情だと言ってよいのではないでしょうか。こうした人間の自然の情に応えようというのが、いわゆる心霊術であると言ってよいでしょう。そして、霊媒が、死んだ人を呼び出してくれ、その死んだ人の声を聞くことができたり、お互いに話し合えるようにしてくれるのです。しかし、こうした霊媒の超能力というものは、本当に彼らがそれを持っているものなのでしょうか。これは、聖書の立場に立つならば、否定的な答えしか得られません。ですから、死んだ人の声を聞いたとか、死んだ人と話すことができたなどという体験は、実は、霊媒の演出によってなされた現象にほかならず、死んだ人と接触したわけではありません。

「ラザロと金持」の譬話を見れば、一度死んだ人が、もう一度この世に現れて、生きている人々と接触することの可能性は絶対にないことが分ります。（ルカ一六・二八）。私たち人間は、生きている以上、まだだれも死んだことがないわけですが、私たちの生も死もつかさどっておられる主イエスが語られたことですから、この「ラザロと金持」の譬話以上に信頼できるものはないと言ってよいでしょう。それだけではありません。死んだ人の霊が、もう一度この世に戻って来ることがないことは、聖書がはっきりと教えているところです。

「雲が消えて、無くなるように、死ねば、もう生きることはできません。家に帰って来ることもありません」（ヨブ七・九）。ですから、神ご自身が、特別な使命を与えて、死んだ人を連れ戻されることがあったとすれば、それは奇蹟であって、その奇蹟以外には、死んだ人がこの地上に戻るというようなことはありえません。たとえば、サウル王がエンドルの口寄せの女にサムエルを呼び出してほしいと求め、サムエルが現れますが、その時と、モーセとエリヤが変貌の山で現れる時など、いくつかの場面しかありません。しかも、これらのすべては例外であって、神の特別な働きによるものなのです。それを別にすれば、死は、生きている人と死んだ人との間に、永遠の分離をもたらすものだというのが、聖書の教えです。

聖書は、死んだ人がもう一度この世に戻って来ることのありえないことだけでなく、生きている人が死んだ人と話し合うことのできないことも教えていますし、さらに、そのような交わりをしようとすることを厳しく禁じております。イスラエルの民が、約束の地カナンに入ろうとした時、神がモーセを通してなされたご命令は、次の通りでした。

「約束の地に入った時、異教徒のまねをしてはならない。自分の子供を異教の神にささげるために焼き殺してはならない。占をしたり、まじないをする者、呪文を唱えたり、霊媒をしたり、死人に伺いを立てる者があってはならない。このようなことを行なう者は皆、主が忌み嫌われる。このようなことを行なっていたので、約束の地の先住民族を、主は追い払われた。」（申命記一八・九―一二）

「呪術を使う女は、殺されなければならない。」（出エジプト二二・一八）。

「まじないも、占もしてはならない。……霊媒や口寄せに近付いてはならない。彼らによって汚されないようにしなさい。わたしは、あなたがたの主である神だ。」（レビ一九・二六―三一）

「霊媒や口寄せの所へ行き、わたしを裏切る者があれば、わたしは怒り、彼は神の民の中から追放される。」（レビ二〇・六）

「霊媒や口寄せは、必ず殺される。石で打ち殺される。それは、当然のことである。」（レビ二〇・二七）

また神は、預言者イザヤを通して、次のような警告を発しておられます。

「人々が『霊媒や口寄せに求めよ』と言う時、神の民は自分の神に求めなければならない。生きている者が死んだ者たちに伺いを立てなければならないのか。神の御言葉に求めよ。もし、御言葉に従って語らないなら、彼らに希望はない」（イザヤ八・一九―二〇）。

このように聖書がはっきり述べていることによって、私たちは死んだ人と話し合うことはできないだけでなく、それは神に敵対する罪なのです。聖書が「霊媒」と言っているものは、心霊術において今日「霊媒を支配する霊」と呼んでいるもののことで、そうしたものは、悪霊にほかなりません。ですから、厳しく禁じられているわけです。神が、預言者エリヤによって、イスラエルの王である、背信のアハジヤに発せられた厳しい怒りの言葉は、次の通りです。

「あなたがたがエクロンの神バアル・ゼブブに伺いを立てに行くのは、イスラエルに神がいないからか」（列王2、一・二）。

ですから、神は、私たちがすべてのことを、すべてを造り、支配しておられる神に求めるようにと願っておられます。私たちの生も死もつかさどっておられる神こそ、私たちの求めに対する確実な、しかも権威ある解答を持っておられる方だからです。

神は、私たち人間の死後の生活について、私たちに何も示しておられないわけではありません。キリストが復活されたということは、神であり人であるお方の復活ということで、私たちクリスチャンに、来世の実在を、はっきりと教えております。ですから、クリスチャンは、死後の生活や未来のことについては、いかがわしい占師や霊媒などの所へ行って、伺いを立てる必要は毛頭ありません。彼らが繁盛しているのは、一般の人たちの霊的な事柄についての理解が余りにも欠けているためであり、また、案外だまされやすい人たちがいるためでもあり、さらにまた、多くの人たちが迷信を受け入れるためなのです。大学出の教養のある人でも、いざとなると、妙なものを信じたり、お参りをしたり、願を掛けたりするなど、霊的には本当に低いのです。こうした穴を突いているのが、占師や霊媒の活躍に見られる現象なのです。霊的なことにうとい人は、このような占師や霊媒のペテンに引っかかってしまいやすいわけで、こうした死人と交わると称するもののうち、あるものは欺瞞であって、ちゃんと道具立てがしつらえられております。そして、そうでないものは、悪霊によるものであることを知る必要があります。ですから、聖書ははっきりとそうした所へ行くことを禁じているわけです。

それでは、サウル王が行ったエンドルの霊媒をする女はどうだったのでしょうか。これは、旧約聖書のサムエル記1、二八・六に記されております。老預言者サムエルが死ぬと、イスラエルの王サウルは、以前にも増して悪くなって行き、神から見捨てられてしまいました。ペリシテ人は彼に向って戦いを仕掛けようとしておりました。サウルは、自分の故意の不従順のために、普通の方法による神の啓示の道は、閉ざされてしまっておりました。「主はもはや夢の中でも、神意を伺うウリムによっても、また預言者によっても、御心を示してはくださらなかったので」す。ペリシテ人との差し迫った戦いは、サウルに恐怖を与え、そのため、彼は途方に暮れておりました。彼は長年、預言者サムエルから指示を受けておりましたが、もはやサムエルは世におりません。しかし彼は、霊媒をする女が死んだ人を呼び出すことができるという評判を聞いておりました。サウルは、王位に着いたばかりのころには、霊媒や口寄せなどをすべて死刑にするという条件で廃止したにもかかわらず、今や自らが絶望のどん底におり、迷信的になって、エンドルの町で不法にやっていた霊媒をする女を捜し出そうとします。

サウルは変装し、霊媒をする女の所へ行きました。彼女は、禁じられていることをすることに対して、自分の安全を気遣っておりますが、どんな罰も彼女には与えないということを約束してから、彼女の所へ行っております。すると彼女は、「どなたを呼び出したいのですか」と尋ねます。サウルは、サムエルを呼び出してくれるようにと頼みました。それに続く箇所は、聖書から少し引用してみましょう。

「この女が見ていると、そこにサムエルがおり、彼女は大声を上げて、サウルに文句を言った。『あなたはサウル王ではありませんか。どうして私を欺かれたのですか。』王は彼女に落ち着きを装ってこう言った。『恐れることはない。何が見えるのか。』『神様のような方が地上から上って来られるのです。』『どんな様子をしておられるか。』『外套を着ている老人です。』サウルはそれがサムエルであることが分ったので、地にひれ伏し、礼をした。サムエルはサウルに言った。『どうして私を呼び出して、煩わすのか。』サウルは苦境を申し述べた。『今私は困りきっております。ペリシテ軍が攻めて来るというのに、神様はもうお見捨てになっておられます。神様は、預言者によっても、夢の中でも、もう御心を示してはくださいません。それで、どうしたらよいのかと教えていただくために、先生をお呼びしました。』サムエルは答えた。『どうして私に尋ねるのか。主はもうあなたを見捨ててしまわれた。主は以前私を通して予告しておられた通りのことをなさっておられる。主は、あなたの手から王位を取り去り、ダビデに与えられた。あなたは主の御声に聴き従って、アマレクを罰しなかったからだ。そこで、主は今このようなことをしておられることを知りなさい。主は、あなたと一緒に、イスラエルをペリシテ人の手に渡される。明日は、あなたも息子たちも、皆私の所に来ることになるだろう。そして主は、イスラエル軍をペリシテ軍の手に渡される。』この言葉を聴くと、サウルはその場に卒倒してしまった。サムエルの言葉を聴いてショックを受けたためである。」

この出来事をよく見てみますと、この女がサムエルを呼び出したのではないことがはっきりしております。このようなことは、聖書がはっきり禁じておりますし、そのようなことができる人間はおりません。もしもこの女が本当にいつも死人を呼び出すことができていたとしたら、なぜサムエルを呼び出し、本当にサムエルが現れた時に、驚き恐れたのでしょうか。

つまり、サムエルが現れたことは、彼女自身、予期もしていなかったことだったのです。普段彼女がやっていたこととは全然、別のことが起ったわけです。そしてサムエルが現れた時から、この女は、もはや傍観者の役しか果しておりません。ですから、もはや普通の方法では神との交わりを断たれていたサウルに、神が直接、奇蹟としてサムエルを送られ、つまり神がこの女の心霊術に取って代られ、故意に不従順なサウル王に審判を下す機会として用いられたわけなのです。ですから、このことについては、聖書は次のように説明しております。「このように、サウル王は、主に逆らった不信仰の罪のために悲惨な最期を遂げた。主の御言葉に従って御心を求めず、霊媒によって御心を知ろうとしたからである。そのため、主は彼を殺し、王位をエッサイの子ダビデに与えられた」（歴代1、一〇・一三―一四）。

さらに、新約聖書には、主イエスが変貌の山で、旧約のモーセとエリヤと会っておられる出来事が記されております（マタイ一七・四―五）。これは、いわゆる死んだ人との交わりとは全く違います。確かにモーセは、その時よりも十四世紀も前に死んでいますし、エリヤも九世紀ほど前に死んでいます。しかしこれは、霊媒などが呼び出すことによって現れたのではありません。しかも、彼らが主イエスと語っていることは、主イエスが十字架上で犠牲的死を遂げられることについてです。しかもこの出来事は、神が主導権を握っておられるのですし、主イエスの十二弟子の中でも重要な内弟子ペテロ、ヤコブ、ヨハネという三人の目の前で起った例外的な奇蹟にほかなりません。旧約の律法と預言者を代表する二人と主イエスが語っておられたこの出来事は、極めて象徴的です。主イエスの十字架上の死こそは、旧約聖書の成就であるということです。

そしてこうした二つの例外は、それぞれ深い意味を持っているわけですが、それ以外には、死んだ人と交わることはありませんし、厳に禁じられていることなのです。

一六　天国と地獄

「天国」や「地獄」を場所的に捕えている人がいないわけではありませんが、それは決して正しい捕え方と言うことはできません。時々、教会学校の先生が、大空のかなたを指して、そこに「天国」があるかのように生徒たちに教えることがありますが、「天国」は、空中のはるかかなたにあるのではありません。そのように教えると、子供たちは疑問を抱かないとは限りません。子供賛美歌の中に、「ここも神の御国なれば……」というのがあるからです。「神の国」と「天国」とは同じことで、「神の国」とは「神の支配」という意味です。ユダヤ人は、「神」という言葉を使うことを畏れ多いと考え（「主である神のお名前を乱用してはならない」というモーセの十戒から来ています）、「神の御座」である「天」という言葉を使い、「神の国」の代りに、「天の御国」つまり「天国」と言うようになりました。しかし、それは決して場所的なものではありません。

これと関連して、聖書に出て来る「天」という言葉の使い方について、少し触れておきましょう。「天」という言葉が「地」という言葉と対になっている場合には（創世記一・一など）、「地」とは「地球」

のことであり、「天」とは、「地球以外の一切のもの」のことだと言ってよいでしょう。しかし、「天」という言葉が、「世」という言葉と対になっている場合には、場所的な意味の「天」ではありません。「天」という言葉がそこに出て来なくても、「天」に対する「世」という言葉が使われている場合、そこで暗示されている「天」も、場所的な意味での「天」ではありません（テモテ1、一・一五）。それは、倫理的な意味で使われています。その場合、「世」は悪魔の支配する堕落した世界であり、「天」は「聖い神の御座」という意味で使われております。その例として挙げることのできるものは、「主の祈り」の中にあります。「あなたの御心が天で行なわれるように、地上でも行なわれますように。」「主の祈り」においては、まず呼び掛けの言葉、「天にいらっしゃる私たちのお父様」が、「天」を「神の御座」として明瞭に規定しております。神は、時間と空間を越えた存在ですから、この「天」が大空のかなたといったものでないことは、当然のことです。

それならば、昇天した主イエスは、どうして空高く昇って行かれたのでしょうか。（初代一・九）。それには理由があるのです。もちろん「天」は大空のはるかかなたにあるのではなく、次元を異にして、今ここにあるわけですから、主イエスは大空高く昇って行かれる必要はなく、弟子たちの見ている前で、この時間と空間の世界から姿を消して、別の世界へ行かれてもよかったはずです。しかし、もしもそうされたら、弟子たちはどのように思ったでしょうか。「やっぱり復活の主イエスは自分たちの目の錯覚にすぎなかったのではないか」とか、「幻覚であったのかもしれない」と考えはしなかったでしょうか。主イエスが本当に昇天されることを、人々に納得させるためには、どうしても大空高く昇って行かれる必要があったのです。というのは、私たち人間は、生れながらにして、超時間的なもの、超空間的なものを表すのに、上空間的にして表します。たとえば、神と人間との関係を、私たちは「神―人」というように神を上に表します。これを、「人―神」というように人を上に書いても、また「神」と「人」を横に並べて書いても、決して間違いだと言うことはできませんが、やはり「神―人」というように神を上に書き表す時、なにかしら心に落ち着きを持つことができるのです。これを「生得観念」と呼びますが、生れながらにして人間が持っている考え方です。この超時間的なもの、超空間的なものを表すのに、上空間的にするという生得観念を満足させるためには、復活の主イエスは、ある程度まで上昇される必要がありました。しかし、「天」は大空のかなたにあるわけではありませんから、ある程度まで大空に昇って行かれますと、「雲がさえぎってイエスの御姿は見えなくなってしまった」のです。

このように、「天」とか「天国」というのは、場所なのではありません。場所というのは、すでに「空間」という前提があるわけですが、「天」とか「天国」というのは、そういう空間や時間を越えたものであって、時間や空間とは次元を異にした実在なのです。時間や空間だけが唯一の実在だなどと考えるのは、現象の世界しか実在の世界はないと考える唯物論者であって、永遠や無限を故意に無視する偏狭者であると言わなければなりません。

私たちクリスチャンは、現に、時間や空間を越えた実在としての神を信じています。その神の救いにあずかった者として、永遠の神の国に属する者とされました。今すでに、私たちは「神の支配」の下にあります。しかし、まだ神の完全な支配の下にあるわけではありません。私たちが今神の支配の下にあるのは、信仰を媒介としてのことです。しかし最後の時には、信仰を媒介とした間接的な神の支配ではなく、直接的な神の支配の下にいることができるようになります。それは、パウロがコリント教会への手紙1の中で、次のように言っていることと相通じるものです。「今、私たちが知っている神についての知識は、ちょうど鏡にぼんやり映っているようなものでしかないが、やがてこの世の終りの時が来ると、すべては顔と顔と合せて見るように、はっきり分るようになる。」（コリント1、一三・一二）

そして、この「神の支配」こそ「神の国」「天国」なのです。「天国」とは、ユダヤ人の呼び方です。「神の国」とは、新約聖書の言語であるギリシャ語では、元々「神の支配」という意味です。つまり、神の支配される所、そこが「天国」なのです。ですから、それは場所ではなく、状態であると言ってもよいでしょう。

主イエス・キリストを信じた私たちは、すでに神の支配のうちにあります。「支配」というような言葉を使うと、現代人はとかく窮屈さを連想するかもしれませんが、そこには、むしろ祝福と自由があるのです。そのことを一番よく知っているのが、私たちクリスチャンであるはずです。私たちが本当に知っていることは、この世の中には、二つの状態の人しかいないということです。それは、神の支配の下にいる人と、悪魔の支配の下にいる人です。そして、これ以外の人は、一人もいません。ですから、神の支配の下にいなければ、悪魔の支配下におり、悪魔の支配下にいれば、神の支配下にはいないということです。そして、悪魔の支配下にいる人には、本当の自由も喜びもなく、本当の自由や喜び、祝福は、悪魔の支配下から神の支配下に移された時、初めて与えられるものなのです。しかもこの世においては、神の支配下にいても、それはまだ未完成です。それは、不完全という意味ではなく、神の与えてくださる祝福は完全なのですが、「信仰」という媒介によってのみ、神が支配される間接的なものだからです。ですから、私たちの喜び、祝福は、私たちが信仰から離れる時、失われてしまうものです。そういう意味で、それはまだ完成されていないのです。

しかし、最後の時には、イエス・キリストの救いにあずかっている人々は、完全に神の支配下に入ることができます。それが、「天国」での生活であると言うことができるでしょう。「ヨハネが受けたキリストの啓示」（黙示録）が比喩的な表現で述べているすばらしい情景こそ、天国のすばらしさを表現したものにほかなりません。

「私がまた見ていると、新天地があった。今までの天と地は過ぎ去り、海はもう無かった。私がまた見ていると、聖い都、新しいエルサレムである教会が、夫であるキリストのために飾られた花嫁のように用意を整えて、神のみもとから出て、天から降りて来た。その時、私は、御座から大きな声がこう言うのを聴いた。『さあ、神様の住いが人々の中にある。神様は人々と共に住み、人々は神の民となり、神様自ら人々と共におられて、彼らの神様となり、人々の目から涙を全くぬぐい取ってくださる。もう死も、悲しみも、叫びも、苦しみもない。今までの世界はすべて過ぎ去ってしまった。』……

御使いはまた、私に水晶のように光る命の水の川を見せてくれた。それは、神とキリストの御座から出て、都の大通りの中央を流れていた。川の両岸には、命の木があって、十二種の実を結び、絶えず豊かに実が成った。その木の葉は、クリスチャンに生きる喜びを増し加えた。もうそこには、呪われるものは何一つ無い。神とキリストの御座が都の中にあって、クリスチャンたちは神を礼拝し、神の御顔を仰ぎ見る。彼らの額には、神のお名前が記されている。もう夜も無い。主である神が彼らを照らされるので、彼らにはともし火の光も太陽の光も要らない。彼らは永遠

に支配する。」（啓示二一・一―四、二二・一―五）

ここに描写されている表現が比喩的であるのは、「今までの天と地は過ぎ去」ってしまったと言っているのに、なおそこには「川」とか、「木」とか、「実」とか、「葉」などが出て来ているということです。しかもよく見てみると、その「木」は「命の木」であって、実際にある植物のことではないことがすぐ分ります。こうした比喩的な表現によって、「天国」のすばらしさを表そうとしているわけです。ここでは省略した箇所には、すばらしい高価な鉱物が出て来て、すべては比喩的です。そのすばらしさは、祝福の基である神と共に永遠にあり続けるところにありますが、終りの日、私たちが実際にそれを経験する時に、よく分ると思います。

このすばらしい「天国」には、「キリストの命の書にその名前が書かれている者だけが入ることができる」のであって、「罪に汚れた者、異教の様々な罪に陥っている者、偽りを言う者は、決してそこに入ることができない」のです（啓示二一・二七）。それでは、そういう人たちはどうなるのでしょうか。「臆病で信仰を否む者、信仰を裏切る不忠実な者、異教の様々な罪に陥っている者、クリスチャンを迫害し殺した者、不道徳なもの、魔術を行なう者、偶像を礼拝する者、すべて偽りを言う者たちは、永遠の恐ろしい苦しみの中に入らなければならない。これが第二の永遠の死である」（啓示二一・八）。ここで言われている「臆病で信仰を否む者」などは、ただ並列的に並べられる罪状のようなものではなく、具体化して述べられているだけで、実は、神が用意してくださった救い主イエス・キリストを拒んだ人たちのことなのです。また、ここで言われている「永遠の恐ろしい苦しみ」は、それを味わって初めて分る恐るべき苦しみです。

前にも述べましたように、最後の裁きが単に絶滅を意味するものであるならば、それは、さほど恐ろしいものではありません。しかし、ノンクリスチャンが入れられる「地獄」の恐ろしさは、祝福の源である神から切り離されてしまうところにあります。それは、ちょうど養分を吸い上げている幹から切り離された枝のようなものです。永遠に神の呪いの下に苦しみ続けるのです。意識を持ったまま、自分の犯した罪のために、良心の呵責を持ち続け、それに対する神の刑罰を永遠に受け続けるのです。このような恐ろしいものに、一体だれが耐えられるでしょうか。神の刑罰の恐ろしさは、主イエス・キリストの十字架上の死において見ることができます。それは、私たちの罪のための身代りの刑罰だったのですから、もしもこの救い主を信じなければ、私たちもあの苦しみと同じ苦しみを味わわなければならない運命にあることを示しているわけです。この十字架を前にして、血の汗をしたたらせて祈られた主イエスのゲッセマネの園の祈りも、神の刑罰の恐ろしさを表していると言えましょう。

「天国」に入るか、「地獄」に入るかは、すでにこの世においての私たちのキリストに対する態度によって決ってしまうのです。そして、救い主イエス・キリストによって用意された救いを、信仰をもって受け取った人々は、死後すぐ「パラダイス」へ行き、自分の体の復活をそこで待っています。そして、救い主イエス・キリストの再臨の時に行なわれる体の復活によって、霊は再び自分の体（今度は「霊的体」）と結合され、天国へ行くことができるわけです。

しかし、救い主イエス・キリストが用意してくださった神の恵みによる救いを、拒絶した人たちは、死後すぐ「ハデス（よみ）」へ行き、最後の裁きを待つことになります。この人たちも、体の復活を経験しますが、その復活は、クリスチャンの場合における体のあがない、つまり救いの完成とは違い、霊だけの不完全な状態に、霊的体が付け加えられた人間としての正常な状態にされたという意味しかなく、最後の裁きである「地獄」へ行く準備でしかありません。

このように、「天国」と「地獄」に入れられた者たちは、そこで永遠の様態に入ってしまうわけです。そしてそれから後は、もう決してそれを変更することはできないのです。

一七　死ぬ時

自分がいつ死ぬかということについては、だれも分りません。分らないからこそ、人によっては不安になるでしょうし、また励みにもなるのです。しかし愚かにも、自分の死ぬ時がいつなのか知りたいという誘惑にかられることがあります。後何年生きられるのかということが分れば、それまでの人生計画が立てられるとでも思っているのでしょうか。しかし、そうした余裕を持って、人生計画が立てられるのは、死がまだまだ先である場合に限るのであって、明日にでも死ぬことが分った時は、もう何も手につかず、死までの時間を無駄にしてしまうことにならないでしょうか。それればかりではありません。もしも後十年は生きられるということが分ったとしても、十年間は大丈夫だと安心して、怠惰に過ごし、その十年が次第に終りに近づいた時にも、なお充実した生き方をすることができるでしょうか。それができる人は、死についての解決がすでに出来ている人に限られます。

このように考えてきますと、私たちはいつ死ぬか分らないからこそ一生懸命にやれるのだと言えないこともありません。ですから、神は私たちに、いつ死ぬのか、最後まで教えてはくださらないのです。自分の死ぬ時が分っても、怠惰にならず、あせりもしないほど、死の問題を超越して生きられる人は、そうザラにはおりません。ですから、死こそ、また生への一つの試金石であると言うことができるでしょう。死という厳しい現実に向っても、なお耐え抜くことのできる生き方をしているか、それとも、死という現実の前に、もろくも崩れてしまうような生き方をしているかという意味での試金石です。

人生におけるあらゆる問題も、突き詰めて言えば、死の問題の前には、まったく影の薄い存在ではないでしょうか。つまり、死こそは、人生における一番大きな問題であると言えないこともありません。これは、もちろんこの世の人々の一般的な言い方なのですが。もしも死が人生において当面する最大の問題であるとしたら、この問題についての解決が出来さえすれば、後はすべて解決すると言ってもよいことになるでしょう。そして事実、多くの人たちは、この死の問題で悩んでいます。しかし主イエスは、山上の説教において、次のように教えておられます。

「あなたがたの中で、だれが心配したからといって、自分の寿命を少しでも延ばすことができますか」(マタイ六・二七)。

けれども、私自身、このことについて本当に分るまでには、かなりの時間がかかりました。私は元々、死に対する本能的な恐れを持っておりました。だれでも、死に対する本能的な恐れを持ってはおりますが、私にとっては、それが人一倍強かったのです。おかしなことと思って、笑われる方もあるかもしれませんが、戦争に敗れて、日本人が外地から四つの島（北海道、本州、四国、九州）に帰って来ることになった時、食糧不足のために、何万人かの人が餓死しなければならなくなるかもしれないと言われた時、私はその餓死する人間の中に自分が入るのか入らないのかということが、心配で心配でたまらなかったということについては、前にも書きました。しかし、そのような恐れは、私が敗戦の翌年十一月に、主イエス・キリストを信じた時に、すべてなくなってしまいました。

しかし、死に対する不安が、これで全部なくなってしまったわけではありませんでした。それから、約十年余りたって、私はアジアの人々への謝罪運動の手初めにフィリピンへただ一人で行くことになった時、再び頭をもたげて来ました。もちろん、私自身についての死への恐れではありませんでした。死ぬのが恐ろしくては、対日感情が極度に悪かった当時のフィリピンへ行くことなど、到底、決心できなかったでしょう。ところが、その時、私の心の中に起って来た不安は、このようなものだったのです。当時、私には二人の子供がおりました（その後三人与えられて、今では五人になっております）。そして家内のおなかには、三番目の子供が宿っておりました。

私にもしものことがあれば、この三人の子供たちは、父親のいない子供として成長しなければなりません。そのころ私が牧会していた教会には、父親がいなかったがために、ぐれた青年が来ていました。もしも私が死んだら、私の子供たちもあのようになるのではないかと考えた時、私の心の中には、死に関し、それにまつわる不安が、ムラムラと湧き起って来ました。こうして私は、再び死に対する恐れに取り付かれるようになったのです。考えてみると、悪魔はまったく巧妙な方法で、私を主の働きからそらせようとするものです。私は、この死に対する恐れを解決しなければ、フィリピンへ行くことができなくなってしまったのです。しかし幸いなことに、神は私の恐れや不安を拭い去ってくださいました。私が祈っていた時、神は次のようなことを私に教えてくださったのです。

「すべての人間の寿命は、神によって定められている。神がよしとされる時が来なければ、どんなに危険なことがあっても、決して死ぬことはない。神がその人に与えられた使命を果すまで、神はその人の命を取り去ることはない。そして、神が定めておられる時に死ぬことこそ、最も幸いなことなのである。」

私はこのことを教えられるや、心の中に言い知れぬ平安を与えられました。

私たちは、自分の死ぬのがいつなのか知りたいという誘惑にかられます。しかし、そんなことを知っても、それで生きるファイトが湧いて来るものではありません。むしろ、私たちの生も死も、すべては神の御手の中にあるのだということを知って、神にすべてをゆだねることが大切です。神への信頼、これが死に対する恐れの問題の解決にほかなりません。そのことについては、主が山上の説教の先に引用した箇所に引き続いて、次のように教えておられる所でも、よく分ると思います。

「どうして着る物のことなど心配するのですか。野の花がどのようにして育つのか、考えてみなさい。働きもしないし、自分のために服を作りもしません。そして、確かに栄華を窮めたソロモンでさえ、この一つの花ほど美しい服を持っていたとは言えません。今日は咲いていても、明日は炉に投げ込まれてしまう野の草でさえ、神様はこれほど美しい装いをお与えになっておられるのですから、まして、人間であるあなたがたに、それ以上のことをしてくださらないわけがあるでしょうか。ああ、なんと小さな信仰なのか。」（マタイ六・二八―三〇）。

私たちの生も死も、すべてを支配し、御手の中に収めておられる神にゆだねる時、私たちは死の恐れを解決することができるのです。

一八　死の問題についての真の解決

「一〇　死の問題の解決」という項目において、死の恐れの問題についての解決を取り上げておきました。しかしながら、この本を終るに当り、もう一度このことを取り上げたいと思います。死について書いて来て、この点以外のことについては、それほど重要であるとは思えません。なんと言っても、このことさえ解決できれば、後のことは、さほど急を要する問題であるとは思えません。そういうわけで、重複することもあえて承知の上で、もう一度このことを取り上げようと思います。

死の問題についての真の解決は、救い主イエス・キリストが死人の中から復活し、死に打ち勝たれたところに与えられていると言うことができます。

「私はあなたがたに神の隠れた真理を教えてあげようと思う。私たちクリスチャンは、死んでそれでおしまいなのではない。やがて栄光の体に変えられる。キリストが再び来られ、世の終りのラッパが鳴ると、たちまち、すでに死んだクリスチャンたちが復活し、生き残っているクリスチャンたちは、栄光の体に変えられる。朽ちゆく肉体は、朽ちることのない新しい体に変えられる。この時、『死は完全に敗北させられた』という旧約聖書のイザヤの預言が実現する。『死よ。お前の勝利はどこにあるのか。死よ。お前の力はどこへ行ったのか』というホセアの預言も実現する。死を来らせるものは罪であり、罪は律法によって明らかにされる。しかし、私たちの主イエス・キリストによって、私たちに勝利を与えてくださった神に、どんなに感謝したらよいだろうか。」（コリント1、一五・五一―五七）。

ここで教えられていることは、こういうことです。私たちは罪のために死ぬべき運命にありました。ここで、死ぬべき運命と言っているのは、単なる自然的死のことではありません。罪の刑罰としての死であって、祝福の源である神から永遠に切り離されてしまうということです。律法は罪を犯した者に対して、死を要求する力を持っているからです。ところが、神の御子であるイエス・キリストが天から降りて来られ、人としてこの地上の生活をされ、私の罪を身代りに背負って、十字架上で死んでくださいました。しかし、それで終ってしまったのではなく、イエス・キリストは死に打ち勝ち、死人の中から復活されたのです。このことによって、死はキリストに対して無力になったということが明瞭に示されました。ですから、この死に対する勝利者であるキリストを信じる人々にも、神はキリストによって勝利を与えてくださいます。つまり、私たちクリスチャンは、死んでそれでおしまいなのではなく、キリストがもう一度おいでになる時には、栄光の体が与えられ、愛するキリストと永久に共にいることができるのです。ですから、私たちクリスチャンは、もはや死を恐れることはなくなります。死に打ち勝ってくださったイエス・キリストが、私たちと共にいてくださるからです。もはや、私たちクリスチャンにとって、死は罪の刑罰ではなくなりました。死が私たちにとって恐ろしかったのは、それが罪に対する神の刑罰であったからなのです。しかし、もはやそうではなくなりました。

クリスチャンにとっても、なお肉体の死はあります。「肉体を持ったまま神の国に入ることはできない。朽ちゆく肉体が朽ちない神の国に入ることなどできないのである」（コリント1、一五・五〇）と教えられている通り、肉体を持ったままの姿で天国へ行くことはできません。それを脱がなければいけないのです。それが死です。ですから、クリスチャンにとって、死はもはや刑罰ではなく、天国への入口なのです。天国に入るためには、朽ちゆく肉体を持っていてはだめなのです。朽ちることのない霊的体に変えられなければなりません。肉体を脱ぎ捨てるのが死であり、次に霊的体を着けるのが復活なのです。

私たちクリスチャンにとっては、もはや恐るべきものは何一つありません。たとえ死に当面しようと、恐ろしくはありません。私たちにとっては、「生きるにしても死ぬにしても、私自身、身をもってキリストのすばらしさを実証したいことである。」（ピリピ一・二〇）ということです。

一九　遺言書　―万一の時のために―

今までのところにおいて、私たちは「死および死後の世界」について、聖書から学び、教えられてきました。それは、やがて私たちも経験しなければならない「死」に対して備えるためでした。そこで、ここでは、「万一の時のために」私たちがしておかなければならない具体的なことについて考えてみたいと思います。

私たちが自分の死のためにしておかなければならない準備の根本は、私たちのために神が用意してくださった救い主を信じることにほかなりません。その準備が出来ていれば、私たちはいつ死んでも、天国へ行く準備が出来ていることになります。そしてそのことについては、すでに述べた通りです。そこで、ここではむしろもっと具体的な準備について考えてみたいと思います。それは、私たちがいつ死んでも、だれにも迷惑を掛けないためと、むしろ人生最後の良いあかしが出来るためなのです。

私たちは、自分がいつ死ぬか、だれにも分りません。ですから、いつ死んでも、自分が死んでから、ほかの人に迷惑を掛けたり、悪いあかしにならないように、あらかじめ種々の準備をしておかなければなりません。「死人に口なし」で、死んでしまえば、その人の考えを、そこで聞くことはできなくなってしまいますから、死後のことについて、信頼できる人によく言っておかないと、自分の意志とは全く違ったことをされてしまわないとも限りません。私はそうした例をいくつも見てきましたし、司式牧師として、苦い経験をさせられたことも、一度や二度ではありません。ですから、そうした自分のなめてきた経験からも、死後のことについての準備をしておくことは、少なくともクリスチャンとして当然のことだと考えております。

死後のことについての具体的な準備の第一は、自分の葬儀についてはっきりと言明しておくことです。キリスト教式で行なうということだけでなく、万一のことがあったら、だれに連絡して、葬儀の準備をするかについても、家族の人に言っておくことです。教会の牧師先生や役員の住所、氏名、電話番号などは、家族の人々に教えておかなければなりません。いくら本人がクリスチャンであったとしても、自分の葬儀について、はっきりと家族の人々に言っておかなかったがために、クリスチャンでない家族の人々は、仏式で葬式をしてしまうということは、ありうることです。もちろん、仏式で葬式をしたからと言って、その人が天国へ行けなくなるということはありませんが、その人にとって最後の最もよいあかしのチャンスを、みすみす失うようなことはすべきではありません。それればかりか、異教の仏式の葬儀をさせてしまうほど怠惰であってもよいものでしょうか。異教的なものによって、神の栄光がいちじるしく傷つけられることを覚える時、この程度の準備もしていなかったことについては、やはりクリスチャンとして責められても仕方のないことではないでしょうか。ですから、私たちは自分の葬儀について、あらかじめはっきりと家人に話しておくべきです。家人が全員クリスチャンであるなら、何も特別言っておく必要はないのではないかと思う人がいるかもしれませんが、決してそうではありません。交通事故などで一家全滅といった場合、確かに家人はキリスト教式の葬儀をすることについて了解していたかもしれませんが、葬儀は親戚の人の手で行なわれることになりかねません。そうした場合、仏式などで葬式を行なわないとも限りません。そこで私は、クリスチャンである人は、親戚に対しても、自分がクリスチャンであることを、折に触れ、はっきりと言明しておくことの必要を覚えないわけにはいきません。

それだけでなく、何か書いた物に残しておくことが必要です。つまり、遺言書の必要を訴えたいわけです。この遺言書は、公正証書（これは公証人役場へ行って作ることができます）にしておけば一番よいわけですが、それまでしなくても、本人の署名捺印と日付の入っている遺言書にしておけば、故人の意志を無視しない限り、遺言書通りキリスト教式の葬儀をするようになることは間違いないでしょう。ところが、家人が全く別の信仰を持っていて、しかもその信仰を持っている人が非常識に近いことをやりかねないような場合には、遺言書を公正証書にしておくことはもちろんですが、教会の牧師先生とか親戚のしかるべき人に同じ遺言書を渡しておくことが必要でしょう。

このようなことをしておかなければならないのは、本人が死んだ場合、葬儀のことについていざこざが起きないためなのです。先にも申しましたように、本人がそのようなことについての十分な用意をしておかなかったがために、私は牧師として困った経験を、今までに嘗めさせられてきました。死後もほかの人に迷惑を掛けるようでは、一人前のクリスチャンとは言えないと思います。どうか死後、不必要なことについてまで、ほかの人に面倒を掛けないように注意してほしいと思います。家庭が複雑な人ほど、この点については、入念な配慮が必要なことを覚えてください。家族の全員がクリスチャンでない場合もそうです。

キリスト教の葬儀をどうやるかということについては、また別に取り上げようと思います。ここでは、キリスト教の葬儀が出来るような配慮を、生前しておかなければならないことについて申し上げたわけです。「キリスト教の葬儀をしなくても天国へ行けるのだとしたら、余り波風を立てたくないので、私の葬儀は仏式でもよい」などと考える人がいたら、それは異教との妥協にほかならないのだと申し上げたいと思います。本人の十分な配慮が生前なされていなかったがために、必ずしも仏式で葬儀を行なったということと、今からでも十分、自分の葬儀についての配慮が出来るのに、その最後のあかしのチャンスを放棄するのとは、全く違うと言わなければなりません。しかも、それはあかしのチャンスの放棄ということだけではなく、異教との妥協にほかならないのです。生きておられる本当の神が嫌われる偶像礼拝なのです。それでもなお、そうした考え方を私たちは持ってもよいでしょうか。

さて次に、遺言書の中には、自分の財産のことについても、はっきりと記しておくべきです。死後醜い争いが起きないためにも、それは必要です。しかし、そうしたことについては、生前よく家族の人たちに話しておくことが必要だと思います。生前、何も言わないでおいて、死後、遺言書だけで片付けようとしても、それがかえって争いのもとになることだって、ないとは言えません。

私は、日本人の伝統として長く受け継がれてきた、財産を子供たちに残すという考え方が、決してよい考え方だとは思っておりません。こうした考え方は、子供に依頼心を起させ、子供がそうした物質的な物に期待を掛けるようにさせていることになるからです。子供が、親の汗水流して働いて得た財産を期待するようなことは、決して感心したことではありません。親が子供に財産を残そうと残すまいと、それは親の自由であり、むしろ神から与えられたものは、自分の子供にではなく、神にお返しすべきではないでしょうか。

私が以前オーストラリアへ行った時、シドニーでミッショナリー・ホームという所に泊っておりました。そのシドニー・ミッショナリー・ホームというのは、キリスト教の牧師や宣教師のために、安く泊らせる施設なのですが、それは、実は、元々普通の家であったのです。ヤング夫人が天に召される時、その遺言によって、このような施設としてささげられたのだということでした。このヤング夫人は、子供たちを立派に教育し、もう子供たちはクリスチャン医師として、別の所に住んでおります。このヤング夫人に限らず、多くのクリスチャンが、遺言によって自分の財産を神の働きのためにささげております。そうしたことによって、神の働きが大きく前進しているのを、私はこの目で見てきました。

自分の子供に対しては、教育をしてやることで十分です。それ以上、親の財産を当にするような期待を子供に与えるのはよくないと思います。ずいぶん皮肉な言い方になるのを承知で、あえて言いますが、生きている時、大した働きが神のために出来なかったのであれば、せめて死ぬ時に、自分が神から与えられたものを、神にお返しすることによって、神のために働かせていただいてはどうでしょうか。そのためにも、生前その準備をしておくことが必要です。そして、この点に関する遺言書は、必ず弁護士や司法書士などに相談するなどして、公正証書にしておく必要があります。

今日、キリスト教界における神の働きがもっと飛躍的に進むためには、生きている時はもちろんのこと、自分の死を通しても、神のために何らかの貢献ができることを考え、実行する人が、一人でも増えることが必要です。死の問題に関連して、一人一人が深くこのことに思いをいたしてほしいと思います。

さて、もう一つ申し上げておきたいことがあります。それは、死に対する準備として、自分自身のことについて、よく整理しておいてほしいということです。死ぬまでは、実に立派な人だと、みんなが思っていたところが、死んで初めて分ったことは、まだまだおかしなものが残っていたというようなことが間々あるのです。「人は棺桶の蓋をしめるまでは、その真価は分らない」とは、よく言われる言葉ですが、本当にそうだと思います。あっちの人に不義理があったり、こっちの人に対して問題がまだ残っていたりするようなことがないようにしておきたいものです。自分はまだまだ死なないと思っているかもしれませんが、いつなんどき死の影が襲って来るか分りません。死ぬまでには、その問題を解決しておこうなどと思わないで、今、死が襲って来てもよいように、身辺を整理しておくことが、どんな人にも必要ではないかと思います。

こうしたことに関連して、自分が死んだ後に種々の問題が残らないようにすることの一つとして考えられることは、自分が死んだ後、家族の者たちが惨めな生き方をすることがないように、という配慮も必要だということを申し上げておきたいと思います。余りにもその日暮らしの生活をしていたがために、その人が死ぬと、残された家族の人々が路頭に迷うようでは、決してよくありません。神を信頼していけばよいのだという考え方から、保険にも入っていなかったという人が、間々いるものです。保険などというものは、信仰とは相容れないものだと考えている人に、時として出会うことがあります。しかし保険は、社会に生きている人たちが、お互いに助け合って生きて行くために考え出された一つの知恵であって、お互いに困る時に助け合うという考え方が根本にあります。これは、決して信仰と矛盾するものではありません。もちろん、私たちクリスチャンは、お金が人間の保証をするなどと考えてはおりません。お金がすべてではないからです。しかし、現実に私たちが生きて行く上で、お金がかかることもまた事実であって、その自分の生活の上に、予期しない出来事が起って来た時、だれかほかの人に迷惑がかからないようにするために、あらかじめ、みんなの人たちが小額のお金を出し合っておき、それを必要に応じて使うという考え方が、保険なのです。ですから、保険には、生命保険だけでなく、失業保険もありますし、火災保険や自動車などにかける損害保険もあります。このように、何らかの形での生活の保証を考えておかないと、遺族に迷惑がかかるだけでなく、その人を取り巻く人々にまで、迷惑がかからないとは言いきれません。

神を第一としたクリスチャンの生活というのは、いわゆるその日暮らしの生活とは違います。神を第一とした生活をする人は、何もかも神のために生活する人なのです。ですから、神のために大いに献金をすると共に、神のために貯金をすることも必要です。それは、自分のためではなく、神の働きのために、高額な献金をしなければならない時に備えてのことであり、また自分の生活に起って来るかもしれない予期しがたい時に備えてのことです。それらのことが、すべて神のためであるという動機が重要なのです。

しかし、物質的な面での備えよりも、もっと重要な備えがあるはずです。自分の家族、自分の親しい人々に福音を伝え、その人々もまた天国へ行くことができるようにしておくことです。自分はキリストの救いにあずかって、天国へ行くことができたとしても、家族の人々が天国へ行けなかったら、どうでしょうか。私たちは、ひとたびこの世を去ったら、もう二度と、この世に生きている人たちに、救いの福音を語ることはできません。後から後悔することのないように、今こそ、この救いの日に、家族、友人、知人たちを、救いに導こうではありませんか。

二〇　「シェオル」と「ハデス」

最近、死後も救いの機会はあると主張する人々が現れており、その人々の拠り所として「シェオル」と「ハデス」を使っておりますので、はたしてその人々が言っている通りなのかどうかということを、検証してみる必要が出てきました。そこで、聖書における使い方をここで取り上げることにしました。聖書がどう言っているか、それが基本ですから。

旧約聖書において、死んだ人の霊のいる場を指すのに使われている「シェオル」というヘブル語と、新約聖書において、同じような意味で使われている「ハデス」というギリシャ語が、それぞれ、旧約聖書および新約聖書において、実際にどのように使われているのかということを、ここで見てみたいと思います。

最初に、旧約聖書において使われている「シェオル」という言葉について、考えてみることにしましょう。この言葉は、それ自身としては、別に幸福とか悲惨という意味を持ってはおりません。極めてあいまいな言葉として使われております。つまり、「死んだ人の行く所」とか、「墓」などを表す場合に使われております。

たとえば、ヤコブがその子ヨセフの死を告げ知らされた時（実は、それはヨセフの兄たちの計略であって、ヨセフは奴隷としてエジプトへ売られていて、死んではいなかったのですが）、彼は息子のために嘆き悲しんで、「私は、泣き悲しみながら、よみにいるわが子のところに下って行たい」（創世記三七・三五　新改訳）と言っていますが、この「よみ」と訳された言葉は、「シェオル」で、死後人が行く所という意味で使われています。また、一番下のベニヤミンがエジプトへ連れて行かれようとした時、父ヤコブは、ベニヤミンの上に災が振り掛らなければよいがと気遣って、「あなたがたのいく道中で、もし彼にわざわいがふりかかれば、あなたがたは、このしらが頭の私を、悲しみながらよみに下らせることになるのだ」（創世記四二・三八　新改訳）と言っております。ここでも「よみ」と訳されている言葉は、「シェオル」で、同じ意味で使われております。

旧約聖書においては、「シェオル」に下るのは、不信者だけであるとは言っておりません。信者も不信者も「シェオル」に下ると言っております。信者については、詩篇の作者はこう言っております。「いったい、生きていて死を見ない者はだれでしょう。だれがおのれ自身も、よみの力から救い出せましょう」（詩篇八九・四八　新改訳）。また「私のたましいは、悩みに満ち、私のいのちは、よみに触れています」（詩篇八八・三　新改訳）。また神は、預言者ホセアを通してこう語っておられます。「わたしはよみの力から、彼らを解き放ち、彼らを死から贖おう。死よ。おまえのとげはどこにあるのか」（ホセア一三・一四　新改訳）。不信者については、コラと彼に属している者たちについて、こう記しております。「彼らとすべて彼らに属する者は、生きながら、よみに下り、地は彼らを包んでしまい、彼らは集会の中から滅び去った」（民数一六・三三　新改訳）。さらに、次のようにも記しております。「彼らは羊のようによみに定められ、死が彼らの羊飼いとなる。朝は、直ぐな者が彼らを支配する。彼らのかたちはなくなり、よみがその住む所となる」（詩篇四九・一四　新改訳）。ここでも、「よみ」と訳された言葉は、「シェオル」が使われています。

しかしながら、旧約聖書のある箇所では、「シェオル」へ下ることは、不信者、悪人に対する罰として述べられております。「彼ら（悪人）はしあわせのうちに寿命を全うし、すぐよみに下る」（ヨブ二一・一三　新改訳）や、「よみよ。おまえの針はどこにあるのか」（ホセア一三・一四　新改訳）もそうです。淫乱な女を警戒するようにと言われている箇所でも、「彼女の家はよみへの道、死の部屋に下って行く」（箴言七・二七　新改訳）と言っております。「わたしの怒りで火は燃え上がり、よみの底にまで燃えて行く」（申命三二・二二　新改訳）。「よみの恐怖が私を襲った」（詩篇一一六・三　新改訳）。

「シェオル」という言葉は、死によって人間の霊と肉体が分離している状態を描く時にも使われております。この状態は、決して無意識なのではありません。目には見えませんが、確かにそのような状態があることを示しております。また死んだ人は、私たちの目からは、あたかもすべての地上の関心や活動が終りを遂げて、休息の状態にあるかのように見えるため、「シェオル」をそのように描いている場合があります。「あなたの手もとにあるなすべきことはみな、自分の力でしなさい。あなたが行こうとしているよみには、働きも企ても知識も知恵もないからだ」（伝道九・一〇　新改訳）。

この「シェオル」という言葉は、異邦人の下界という概念から借りられたものではありません。しかし、そのように想像している人がかなりおります。そのため、バーコフ博士は、その「組織神学」という本の中で、次のように言っております。「今日、一般に、新約聖書のハデスという言葉と一致すると思われている旧約聖書のシェオルという概念は、異邦人の下界という概念から借りられたものであるという考えが極めて有力です。旧約聖書および新約聖書によると、信仰のあつい人も悪人も、死においては、夢のような影の住み家、つまり忘却の国に入り、そこで彼らは、単に地上の生活を幻のように顧みるだけの生活をするようにされていると考えられます。下界はそれ自身では、報いの場所でもなければ、刑罰の場所でもありません。そこは、敬虔な人と悪人のために、別々の場所が分けられているわけではなく、道徳的な差別のない一つ所なのです。そこは、弱められた意識と、眠っているような無活動の場所であって、そこにおいては生命はそれ自体の関心を失い、生きる喜びは悲しみに変えられます。ある人々は、旧約聖書がシェオルをすべての人間の永遠の住み家として表していると主張しておりますが、また他の人々は、旧約聖書が、信仰のあつい人々にそれから逃れる望みを与えていると考えております。」

それに対して、旧約聖書においては、「地獄」という言葉は一度も出て来ません。新共同訳は、「シェオル」をすべて「冥府」と訳して、「よみ」と読ませていますが、新改訳はこれをすべて「よみ」と訳しております。

それでは、次に新約聖書において、「ハデス」という言葉は、どのように使われているのでしょうか。旧約聖書の「シェオル」と、新約聖書の「ハデス」は、必ずしも同じ意味に使われているとは言えません。旧約聖書の「シェオル」の場合、その意味はかなり漠然としておりましたが、新約聖書の「ハデス」の場合、その意味はかなりはっきりとしております。

たとえば、「金持とラザロ」の譬話の中で、不信仰であわれみのない金持は、死ぬと「ハデス」へ行き、「ハデスで苦しみながら目を上げた」（ルカ一六・二三　新改訳）と言われております。

また主が、「カペナウム。どうしておまえが天に上げられることがありえよう。ハデスに落とされるのだ」(マタイ一一・二三　新改訳)と言われた時の、「ハデス」も、刑罰を含んだ意味を持っております。

ペンテコステの日に、ペテロがした説教の中で、彼がイエス・キリストについて、「彼はハデスに捨てて置かれず、その肉体は朽ち果てない」(使徒二・三一　新改訳)と言っておりますが、これは旧約聖書の詩篇一六篇一〇節の引用の説明です。旧約聖書では、言うまでもなく、「シェオル」が使われており、これをペテロが引用した時、彼は明らかにアラム語で引用し、「シェオル」と言ったでしょうが、ルカがこれを訳した時、彼はこれをギリシャ語で記しました。その時、彼はこれを「ハデス」という言葉を使って表しております。ここで、主イエス・キリストが「ハデス」に下ったとか、「ハデス」に捨て置かれることがないと言っているのは、主イエス・キリストが私たちの罪を背負われたがために、その刑罰として「ハデス」に下られたということを表しております。しかし、神の御子が刑罰としての死の下にいつまでもいて、「ハデス」におかれたままでいるということはありえず、復活されたわけなのです。そのことを、ペテロは、はっきりとここで言っているわけです。

そのほかに、「ハデス」という言葉が使われている場合は、主イエスがピリポ・カイザリヤでの信仰告白の時は、主が「ハデスの門もそれには打ち勝てません」（マタイ一六・一八　新改訳）と言われました。「それ」とは、文脈から「教会」のことです。ハデスの門が教会に打ち勝つことがないのは、教会が現世だけでなく来世においても存続し続けると言うのではなく、ここではキリストの教会の堅固さと強固さが強調されているのです。一度は、人が必ず捕え移される獄屋であり、一度そこに閉じ込められたら、二度と脱出することのできない世界、それは死者の世界であって、門や門を備えたとりでの町を表しているハデスでさえも、キリストの教会の力と比べるなら、それは比べものにならないほどのものであると言うので、「ハデスの門」とは、また「死の力」と言うのと同じ意味です。死の力ほど人間にとって強いものはありませんが、それさえも、キリストの教会の強固さとは比べものにならないというわけです。

そのほか、黙示録に記されている「ハデス」という言葉は、四箇所とも、「死」と一緒に使われております。「死とハデスとのかぎを持っている」（黙示一・一八　新改訳）。これは、死んで、復活された主イエス・キリストを指しております。また、「これに乗っている者の名は死といい、そのあとにはハデスがつき従った」（黙示六・八　新改訳）。「死もハデスも、その中にいる死者を出した。そして人々はおのおの自分の行いに応じてさばかれた。それから、死とハデスとは、火の池に投げ込まれた。これが第二の死である」（黙示二〇・一三―一四　新改訳）。これらのことから分ることは、不信者で死んだ人は、ハデスの中に入れられ、最後の裁きを待っているということです。そして、最後の裁きによって、ハデスの中に入れられていた不信者は、最後の裁きを受けるために、ハデスから出され、最後の裁きが行なわれるということです。

以上において、旧約聖書で使われている「シェオル」と、新約聖書で使われている「ハデス」について見てきました。これを、ここでまとめてみますと、「シェオル」とか「ハデス」という言葉は、いつでも必ずしも同じ意味に使われているわけではないということです。しかし、簡単に言うと、旧約聖書で使われている「シェオル」は、普通「死後の場」や「墓」を意味し、時には「刑罰のための場」をも意味しております。つまり、かなりあいまいな使い方がされているということです。それに対して、新約聖書の「ハデス」は、普通には「刑罰のための場」を意味しますが、時としては、「墓」を意味することがあると言ってよいでしょう。

言葉を厳密に使うということは、近代の科学によって初めて行なわれるようになったわけで、昔は、そのような使い方はしませんでした。ですから、「シェオル」や「ハデス」の使い方がそれほど厳密でなかったとしても、別に不思議なことではありません。そのことをよく知っていただくために、ここに「シェオル」と「ハデス」の使い方を取り上げたわけです。今見てきたように、それほど厳密な使われ方がされているわけではありません。だからと言って、いいかげんな使われ方がされているというわけではありません。ただ言えることは、その言葉がいつも同じ意味を持っているとは限らないということです。ことに旧約聖書の場合、ヘブル語の「シェオル」は、かなり広い意味を持っております。そして、それがヘブル語の一つの特徴でもあるわけです。

ですから、こういう言葉だけを取り上げて、死後にも救いの機会があるといった教えを導き出そうとすることは無理です。むしろ、今ここでして来たように、旧約聖書および新約聖書において、それがどのように使われているかを丹念に調べていって、それから結論を引き出して来るべきです。ことに死後の事柄になると、私たちは日常の経験などでは決して分りませんから、うっかりすると、全く誤った教えであっても、それがどうして誤りなのかということが分らないことがあります。

それは、「シェオル」と「ハデス」という言葉に限らず、そのほかのことについても、同じことが言えます。「眠っている」（ヨハネ一一・一一―一四、テサロニケ1、四・一三―一六）という表現についても、それが霊の眠りのことではないということは、すでに説明しておきました。聖書を使いながらも、そこから自分勝手な意味を引き出して来る人は、意味を引き出して来ているのではなく、結局は、自分の考えを読み込んでいるのです。それは、聖書の正しい教えではありません。聖書に正しく聴き従うことの大切さを、私たちは、ここでも教えられるわけなのです。

二一　身近な人の不幸に出会った時

(一) 病気・事故・死亡など

信者やその家族のだれかが急病になったり、交通事故など突発の事故に出会ったり、亡くなったりした時は、神の家族の一員の不幸に対しては、教会員全員がその悲しみを共にするということから、すぐに緊急連絡が行なわれなければなりません。ところが、緊急連絡を行なっている時にも、驚天動地の思いで、いくら電話を掛けても、しっかりと相手の番号を押していなかったりで、相手につながらないことがありうるのです。その時こそ、私たちはすべてのものを支配していらっしゃる神を、静かに仰ぐ心の余裕がほしいものです。どんなことでも、神の御手の外にあることが起ることなど、絶対にないのだということが分り、心を落着けることができるなら、後はへまをしないですみます。そのためにも、日ごろしっかりとした信仰を確立しておくことが大切です。自分ではそのつもりでなくても、いざという時には、気があせるばかりで、頭は全然回転しなくなってしまうことがありますから、緊急連絡事項は、自分の手帳なり、何なりに書き留めておくことです。それには、教会の牧師先生の住所と電話番号だけでなく、役員の住所と電話番号および勤務先の電話番号も書き留めておくことが必要です。そういうものを自分の携帯電話に登録しておくのもよいでしょう。それに、いつもかかりつけの医者なり病院の電話番号も登録しておくとよいでしょう。このようなものは、いざという時には、冷静でいられなくなることも予想して、だれが見てもよく分るように、はっきりと書いておく必要があります。ほかの人に電話を掛けてもらおうと思っても、余りに汚い字では、読み違えることも起りかねませんから、その点はよく注意して書いておいてください。

もしも交通事故などで即死してしまったような場合、一一九番で救急車に来てもらおうとしても、来てくれませんし、たとい来てくれても、病院まで運んでくれません。人間は生きている間は人間として扱われ、病院にも運んでくれますが、いざ死んでしまいますと、物として扱われてしまうのです。そうしますと、家へ運ぶより仕方がありません。タクシーに頼んでも、出血がひどい場合には、拒否されることもあります。

このように、だれかが突然の事故で亡くなったような時、しばし茫然として、何をしたらよいのか分らないようになってしまうことがあるものですが、その次の瞬間、何をしなければならないかを、しっかりと覚えておいていただきたいと思います。頭がボーッとなって、自分一人では手につかないと思われたら、親しい友人とか家族の人、教会員であれば牧師先生なり役員なり、あるいはしかるべき方に来ていただいて、助けを求めることです。しかし、牧師先生や役員の方たちも、いよいよ本番の葬式で忙しい仕事をしていただかなければなりませんから、余りこまごまとしたことまでもお願いするわけにはいかないでしょう。そういう場合には、日ごろからこの人に来て助けてもらおうという人を考えておくことも必要ではないでしょうか。そして、その人の名前と連絡方法なども、緊急連絡名簿の中に入れておくことが必要でしょう。そして、自分に万一のことが起ることも予想して、家族の人に、この緊急連絡名簿のことなどを、日ごろからよく伝えておくことが大切です。

(二) 牧師先生が来られるまで

突然の事故が起り、重態とか危篤というような場合には必ず真先に、牧師先生に連絡しましょう。そしてそのことも、自分の家族なり、親しい人によく言っておくことです。もし牧師先生が海外へ行っておられて不在であったり、地方へ旅行しておられて、すぐ連絡が取れないような場合でも（今日では携帯で連絡を取ることがかなり可能になっていますが）、これを省略しないようにしなければなりません。

牧師先生がおられないで、すぐに来ていただけないような時には、役員の方に連絡しましょう。全部の役員に一度にする必要は、必ずしもありません。どなたか一人の役員に連絡し、その方からほかの役員の方々に、後で連絡していただくようにし、まずその役員の方に来ていただくことです。ただし役員の場合、自分の仕事を持っていて、すぐに来ることのできない場合もあります。その場合は、急を要することなので、しかるべき人をあらかじめ決めておいて、その人に来てもらうようにしたらよいと思います。開拓したばかりの教会であれば、何から何まで牧師先生に頼らざるを得ませんが、出来るだけ早い機会に、葬儀の係の人（教会に専任の事務員がいればその人がよいでしょう）を用意しておき、万一の場合には、その人が牧師先生に連絡するなり、葬儀の手はずを整えるなり、一切のことをその人が取りしきるようにするのが望ましいことです。できれば、一人ではなく二人ぐらいはほしいものです。ところで、牧師先生（不在であれば役員）、もしくは葬儀の係の人が来られますと、一切の手はずが整いますから、それまでは余計なことはしないようにした方がよいのです。

ことに　亡くなったような場合、放っておきますと、親戚の人などがやって来て、「何をボヤボヤしているんだ。さあ、葬儀屋を呼ぶんだよ」などと言って、どんどんやってしまうことがあります。もちろんそれはすべて好意によるものでしょうし、そうなったからといって、別にあわてることはありませんが、たとえ葬儀屋さんが来て、「ああ、キリスト教式ですね。それならば、こうすればいいんですよ」などと言って、いろいろなことをし始めないとも限りません。ですから、そのような時、覚えていたいことは、「もうすぐ教会の牧師先生が来られますから、それまでちょっとお待ちください。先生のご指示によって、すべてを行ないますので」と言って、待ってもらえばよいでしょう。しかし、葬儀屋さんを呼ぶのは、後でもよいのです。肝腎なことは、牧師先生が来てくれるまで待つことです。最近では、キリスト教専門の葬儀屋さんがいくつも出来ましたから、教会では、あらかじめしかるべき葬儀屋さんを指定しておいて、すぐに来てもらっても構いません。キリスト教専門の葬儀屋さんは普通クリスチャンが経営しておりますから、安心して相談に乗ってもらえます。

キリスト教式の葬式は、案外知らない人が多いので、どうしてよいか分らないわけですから、牧師先生の指示に従う必要がありますし、キリスト教専門の葬儀屋さんもよく知っていますから、その点頼りになります。一般の葬儀屋さんの言いなりになることだけはやめることです。

キリスト教式の場合、葬式のためによくすることには一切こだわりません。たとえば、亡くなった人を北枕にして寝かせたり、盛ったご飯に箸を立てたりする必要はありません。そんなことよりも、納棺できるように体を清め、さっぱりとした着物に着替えさせておくことだけで十分です。後は、先生が来られてから、先生の指示を仰げばよいわけです。

牧師先生が来られてから、牧師先生のご都合などを伺い、その点で葬儀の段取り、順序などを決めます。東京のような都会では、火葬しか許されませんから、どうしても火葬場の手を借りなければなりません。ところで、私たちクリスチャンは、迷信じみた日の善し悪しなどを気にしませんが、いくら「友引」など問題にしないとは言っても、この日は火葬場が休みですから、この日に火葬にすることはできません。最近では、「友引」だけでなく、ほかの日にも休日を取ることがありますから、その点は葬儀屋さんに確かめておく必要があります。

普通、葬式に続いて火葬がなされますが、いろいろな事情で、葬式が少し先になることがあります。そのような場合、近親者などで密葬にし、火葬しておくこともあります。このような場合、葬式を友引にしたとしても差支えありません。密葬をし、火葬にする日が友引にならなければよいわけです。しかし、家族や親族の中で、それを嫌がり、そうした些細なことで、もめるようなことがあれば、つまらぬ摩擦は避けたほうがよいでしょう。しかし、あくまでも、単なる妥協や、迷信を容認するような言動は禁物です。

（三）キリスト教の葬式

キリスト教においては、人は死ぬと、神の権限の中に移ってしまうわけで、その人が死後、罪から救われるようにと、その人のために祈るとか、（仏教では成仏するようにと祈りますが）その人を拝むことなどはしません。人間が人間を拝むということは絶対にしてはならないことなのです。そのようなことをすることは、生きておられる本当の神に対する大きな罪であることについては、聖書がはっきりと教えているところです。ですから、キリスト教式の葬儀は、仏教の場合とは全く違います。

キリスト教式の葬式は、あくまでも神礼拝です。人に命を与え、またその命をその人から取られた神を礼拝するのです。その人に生前与えられた神の恵みを思い、また生きとし生ける人に、死という日ごろ忘れている重要なことを思い出させて、真実な生を送るようにさせ、さらに残された遺族の方々に神の豊かな恵みがあるようにと祈るのです。

このように、キリスト教の葬式は、神礼拝ということが根本にあります。葬式と結婚式の違いは、結婚式が結婚する二人の神の御前における誓約ということであるのに対して、葬式は神礼拝であるということです。このことは非常に大事なことで、死んだ人の霊を慰めるとか、死んだ人を拝むというようなことは全くありません。

したがって、キリスト教の葬式では、亡くなった人を礼賛したり、その人があたかも生きているかのように弔辞で呼び掛けたり、またその人を礼拝するようなことは避けなければなりません。キリスト教式の葬式は、亡くなった人のためにするのではありません。むしろ、生きている人が神にささげる礼拝なのです。

ですから、葬式で弔辞を述べる場合も、亡くなった人を弔うための言葉ではなく、遺族を慰める言葉であるべきです。ところが、キリスト教の葬式においてすら、まるで生きている人に語り掛けてでもいるかのように、泣きくどくような弔辞が朗読されることがあります。弔辞を述べる人への教育が足りなかったためでしょう。

献花もないに越したことはありませんが、何もしなければ、取りつくしまもないように感じられるため、これをするわけです。けれども、これは仏式のお焼香や神道式の玉串とは違います。ですから、花をささげて、亡くなっている人を拝むことのないよう、司式牧師は献花について、よく説明しておく必要があります。

(四) 牧師先生を迎えてから

キリスト教式の葬式は神礼拝ですから、すべてはそれを具現していくように行なうことです。会堂のある教会であれば、遺体はしかるべき時に、教会に運ばれて来ます。会堂がなく自宅で葬儀を行なう場合には、自宅に運ばれて来ることになります。そこで、牧師先生の司式の下、納棺式を行なうわけですが、これは必ずしもしなければならないものではありませんから、省略することもできます。

仏式ではお通夜というのがあって、親族が夜を明かすということがありますが(最近ではかなり簡素にはなりましたが)、キリスト教式では、そういうものはありません。

「葬式」の前夜に「前夜式」と言うのをします。これは、しなければならないというものではありません。「前夜式」と呼ばれるように、普通は葬式の前夜に行ないますが、火葬場の関係で、前日が水曜日に当っていれば、祈祷会を避けて、さらに一日前の火曜日に前夜式を行なうこともあります。以前は、前夜式と言えば、生前懇意にしていただいた人々が集まり、思い出を語り合い、神の恵みを覚えたものですが、最近では、日中行なう葬式には仕事の関係上出られなくても、夜行なわれる前夜式には出られるということで、葬式以上に多くの人が集まるようになり、事実上葬儀を二回行なうような形になることもあります。

しかし、何と言っても、葬儀の中心は「葬式」です。葬式を教会で行なう場合には、礼拝堂の正面に祭壇を作ります。祭壇と言っても、棺に入れた遺体を囲むようにして生花を飾り、その後ろに司式牧師が立てる場所を作っておきます。教会の場合には比較的簡単に出来ますが、自宅で行なわれるような場合、部屋の中の不要な物をほかの部屋に移したりして、結構面倒なことがあります。その上、部屋の周りを純白の布で覆うのがよいと思います。それは、ダブル幅のキャラコか、白いシーツで結構です。これは、後で決して無駄にはなりません。これは、天国の聖さを表すのには最適です。いわゆる黒白のだん幕は余り感心しません。しかし、一般の葬儀屋さんに任せておけば、黒白のだん幕を持ってくるのがオチです。このことは、よく覚えておいてください。

部屋の正面に当る所に棺を置き、その上に白布を掛けるのがよいでしょう。これは、必ずしも床の間を正面と考える必要はありません。葬式ができるように、どこを正面にするかを決めればよいわけです。棺の上を覆う布も一般の葬儀屋さんに頼めば、黒い布を持って来ますし、祭壇などを持って来てしまうこともあります。キリスト教式とは言っても、ローマ・カトリック教会や聖公会などが使うものを彼らは用意しているからです。

棺の後ろには、司式する牧師先生が立てるほどの広さを空けて置き、その高さは、その後ろに司式する牧師先生が立って、ちょうど胸から上が出る程度にするとよいでしょう。棺のすぐ横には、故人の引き伸した写真を額に入れて置きますが、これに向って拝む人が起きないように注意する必要があります。その写真には、黒いリボンを付ける必要はありません。

その棺を取り巻くようにして、生花を飾ります。その生花にはそれを贈った人や団体の立札が付けられることがありますが、それは一切廃します。それは、神礼拝ですから、人間がそこに出て来ることは好ましくないからです。その代り、その人々や団体の名前は、別のところに掲示して、失礼がないようにします。キリスト教専門の葬儀屋さんは、すべて心得ております。

式の当日には、信頼のできる人に、受付をお願いし、会葬者に記帳していただくと共に、お花料（仏教などで、普通お香典と呼ばれているもの）を、責任を持って保管し、後できちんと報告してもらう必要があります。教会のしかるべき人に頼んでおくとよいでしょう。受付は、一人では不十分ですから、少なくとも二、三人（多い時には五、六人くらい）はお願いしておき、その総責任者をお願いしておくとよいでしょう。できれば、教会の葬式の係の人がよいでしょう。しかし、故人とのつながりのある人がよい場合もないわけではありません。

葬式は、あくまでも神礼拝なのですから、司式は牧師先生が当るのは当然です。しかし、牧師先生が不在の場合、ほかの教会の牧師先生にお願いするか、さもなければ、役員の方がそれに代ることもありえます。葬式が礼拝である以上、聖書朗読、祈祷、説教が必要です。故人の略歴、弔辞は必ずしもなければならないことはありません。時として、説教のことを式辞と式次第に印刷することもありますから、式次第の中に説教という言葉が入っていなくとも構いません。重要なことは、葬式を通して、神礼拝がなされることです。

（五）葬式を終えてから

葬式を終えると、普通そのまま火葬場へ向います。田舎などで、土葬の風習の残っているところはまた別ですが、これからは次第に火葬に移って行くようになると思います。火葬場に着いて、そこで「火葬前式」を行ないますが、すべて牧師先生が司式をしてくださいます。そして火葬に付されますと、お骨になるまで約一時間ほど待たされ、焼き終った後、お骨を壷に入れ、持って帰るということになります。

火葬がなされ、お骨を拾うというところまでは、牧師先生が一緒に行ってくださいます。それから後、牧師先生や教会の役員の方、また奉仕してくださった方におもてなしをしてもよいですが、キリスト教会では、そうした際、食べたり飲んだりすることを目当てにして来ている人はまずおりませんから、心ばかりの物でのもてなしで、後は心配いりません。ただ司式をしてくださった牧師先生、奏楽者などへのお礼と、教会に対する感謝献金を忘れないようにしたいものです。

教会が墓地や納骨堂を持っている場合には、そこに埋葬するのがよいでしょう。今日、個人がお墓を用意する場合、高額であるため、入手が大変難しくなっております。ですから、教会が墓地や納骨堂を備えることは必要なことだと思います。

故人に対して、仏教では、初七日とか、三十五日、四十九日、一周忌、三周忌、七周忌などといった行事をしますが、キリスト教では、こうしたことは致しません。これらはすべて追善としてなされ、亡くなった人が成仏するようにというところから来ていますが、最初に申しましたように、キリスト教においては、人が生きている間は、その人の幸福のために力になってあげることはできますが、亡くなってしまえば、神の権限の中に移ってしまうわけで、私たちとしては、いかんともなしがたいのです。

ところで、キリスト教会においては、「記念会」というのをいたします。それは、亡くなった人に対して、神が生前与えてくださった恵みを覚え、もう一度一人一人が自分の死を思って、充実した人生を送るように自ら省み、また遺族の方々に対する慰めが与えられるように願い、神の御言葉を学び、共に祈る幸いな集会です。

死後のことについて本当のことを知りたい

2011年10月10日　初版発行
2015年３月15日　再版発行

著　者　尾　山　令　仁
発　行　羊　群　社
〒176-0012　東京都練馬区豊玉北1-12-3
tel/fax　03-5984-3577
e-mail:yogunsha@vesta.ocn.ne.jp

© Reiji Oyama 2011
ISBN978-4-89702-044-0 C0016 ¥1,500E
印刷・製本　日新印刷株式会社
落丁乱丁本はお取り替えいたします。

尾山令仁によって訳された聖書

聖書（現代訳）（第十版）Ｂ６サイズ

四三〇〇円（本体価格）

従来、聖書はなかなか難しい書物であると思われていたが、この聖書は、読むだけで分るように訳されている。それは、原文の言わんとしていることが私たち日本人にもよく分るように訳されているからである。三浦綾子さんも推奨しておられる。この聖書を読んで、聖書の意味がよく分ったという読者からの手紙が多数寄せられている。

尾山令仁による著書

聖書講解シリーズ

分りやすく、しかも奥深い真理を提示していることで定評がある。

創世記　4854

旧約聖書の冒頭にある「創世記」の私訳と講解書。この本は、単なる注解書とは異なり、創世記を通して現代の私たちに語りかけている神のメッセージを説いている。著者十余年の苦心の著作。

出エジプト記　品切

「創世記」に続くモーセの五書の第二巻目の「出エジプト記」の私訳と講解書。イスラエルの民の出エジプト、過程、および十戒について、明快に解説されている。旧約における大切な書物の一つについての解説である。

マタイによる福音書　上 4000　下 品切

新約聖書の冒頭にある「マタイによる福音書」の講解。イエス・キリストとはどういうお方で、どういうことをなさったのか。山上の説教、奇蹟、十字架、復活などについての正しい意味を力強く解明している。

ルカによる福音書　5238

「ルカによる福音書」の講解。この福音書は、他の福音書より詳しく述べているところが多い。その視点も違い、主イエスが重要な場面でよく祈っておられることを記している。深い洞察と解明が見事である。

ヨハネによる福音書　4369

「ヨハネによる福音書」の講解。他の三つの福音書と異なる観点から、キリストの言葉、教え、奇蹟や出来事を記している。イエス・キリストは何を教え、何をなさったのか、注意深く考証されている。

税抜価格

使徒たちの働き

福音書に続く「使徒たちの働き」の講解。初代教会の人々が、どのように生き生きと信仰生活を送り、主をあかししていたかということについて、実に絵画的に解説している。信仰を燃え立たせてくれる書物である。

上 品切
下 4000

ローマ教会への手紙

パウロの手紙である「ローマ教会への手紙」の講解。パウロの信仰、キリスト教の教理について順序立てて解説しているこの手紙の一字一句を深く学ぶことができる。著者の出版百冊目の記念図書。

3689

ガラテヤの諸教会への手紙

パウロの手紙である「ガラテヤの諸教会への手紙」の講解。研究ノートが注としてつけられており、注解書としての役割も果たしている。ガラテヤの諸教会に侵入してきた異端に対するパウロの気迫が私たちにも響いてくる。

品切

エペソ教会への手紙

パウロの手紙である「エペソ教会への手紙」の講解。研究ノートが注としてつけられているので、注解書としての役割も果たしている。パウロの教会論が、この本を通して私たちにも伝わってくる。

3800

ピリピ教会への手紙

パウロの手紙である「ピリピ教会への手紙」の講解。研究ノートは注解として大きな助けとなる。パウロが獄中から書いた「喜びの手紙」の真意がこの本を通して、非常によく伝わってくる。

2500

コロサイ教会への手紙

パウロの手紙である「コロサイ教会への手紙」の講解。研究ノートは注解として大きな助けとなる。パウロがこの手紙の中で説いているキリストの奥義について、この本はよく解説してくれている。

品切

税抜価格

ヘブル人クリスチャンへの手紙

ピューリタンの偉大な指導者ジョン・オウエンが、「ローマ教会への手紙」に次ぐ重要な手紙であると言った「ヘブル人クリスチャンへの手紙」の講解。これを通して、深い霊的真理を知ることができる。

2500

テサロニケ教会への手紙

パウロの手紙である「テサロニケ教会への手紙」の講解。いつも喜んでいなさい。絶えず祈りなさい。すべての事を感謝しなさいと勧めている書。誰もが輝いたクリスチャンライフを送るための秘訣を明確に分りやすく教えてくれる一書である。

2800

ヨハネが受けたキリストの啓示

この世の終りに起ることについてキリストから啓示されたことを記しているものについての講解。ローマ帝国の迫害下にあったキリスト教会を慰め励ますため、教会の勝利が啓示されている。

1500

聖書の概説

聖書だけを読んでも、どうもよく分らないと言われる。そういう人々のために、聖書の内容を、歴史的な順序に従って、分りやすく解説した、聖書を読みたい人への最もよい入門書。信者にも未信者にも向く。

改訂版
近日発売
3000(予定)

聖書の教理

聖書の教理を知っておくことは、信仰生活において、極めて大切なことである。すべてのクリスチャンがこれだけは知っておかなければならない聖書の根本的な教理を、八章に分けて説いている。

3000

愛と真実のことば

著者がその折々に書いた信仰の寸言集。安富邦子さんの美しい挿絵とともに、悩みの中にいる人、苦しみの中でうめいている人々に、慰めと励ましを与える。三浦綾子さんも「これを座右に置いて日々味わいたい」と言っておられる。

第1 品切
第2 品切
第3 2000

書名	内容	税抜価格
日本人とキリスト教の受容	日本人が外来の思想や宗教を受け入れた時、どのような受け入れ方をしたかを見、日本人と最も近い韓国人はキリスト教を受け入れ、日本人はなぜ受け入れないできたのかを考えた日本の伝道のために必読の書である。	2000
ほんとうの祈り	信仰生活にとって欠くことのできないものの一つとしての祈り。熱心に祈っているのに独り言を言っているようで空しい、力が得られないというクリスチャンの方々に、ほんとうの祈りをささげることができる助けとなるように書かれた書物である。	1456
生きて働かれる神	神は今も生きておられる。そして信じる者たちのうちにあざやかに働き、みわざをなしてくださる。この本は、著者のうちに働き続けてくださった、目覚ましい神様の御業についての生々しいあかしである。	1000
キリスト教について本当のことを知りたい	キリスト教について外面的なことをいくら知っても、キリスト教については何も知らないのと同じである。キリスト教の本質について教えているのが本書である。本書はベストセラーとして、多くの人に読まれている。	1800
性《セックス》について本当のことを知りたい	人間はだれでも男か女として生まれてくる。これは一体どういう意味なのか。このことについて聖書を通して教えられることは、男と女の協力によってしか出来ないことがあることである。それについて、くわしく説いている。	1600

月刊誌　**羊群**（編集長　尾山令仁）

年間購読者に限り、税、送料はサービスとなります（国内のみ）。

半年間三〇〇〇円

一年間六〇〇〇円